國考就要考這一類組

財稅行政

必勝祕訣

**非商科生也能考取的
不敗絕招大公開**

✔ 高普考　　✔ 稅務特考
✔ 初考　　　✔ 關務特考　全適用
✔ 三、四等特考　✔ 國營事業考試

自 序

　　高中時，我讀的是職校。作為高職生，我所接觸的科目與一般高中生相當不同，會計概要、經濟學概要與計算機概論等等變成學校教學的重點，而歷史、地理、化學、生物等課程則都消失無蹤。許多人總會看輕高職生，但這也激起了我的好勝心，為求雪恥，我努力用功，但因為家中沒有太多資源可以支援我，我必須靠自我琢磨出來的讀書心得、考試經驗自修學習。高職畢業後，在沒有補習的情況下，我考上了國立台北科技大學。

　　科大的學校方針，希望學生們多多參加證照檢定考試，除了提升實力，也是增加外界對我們的鑑別力。

　　如果說高職考大學的這一段過程中，我還沒有意識到自己確實具有比其他人更有效的讀書、學習方法，那麼在科大讀書的過程中，前前後後參加數場證照檢定考試，我終於發現自己長時間琢磨出來的讀書經驗，確實非常有用。同樣的檢定考試，別的同學可能要花一到兩個月時間準備，但我自己讀書，不到兩週的時間就可以順利考取。我想，原因可能出在於我比其他人更多一點觀察力、歸納力，也因為長期靠自己的努力讀書，領悟了一些考試技巧，並能自行理性分析。

我一直堅信讀書是靠一分的天才以及九十九分的努力，如果努力的方向不對，就會比別人多走冤枉路。想要事半功倍，在努力之前，必須找到對的方向、使用對的方式讀書，才不會永遠落後於人！

　　會踏上國考的旅程，也是因緣際會。因為證照考試很順利，旁觀的老師隨口說了一句：「既然這麼會考試，去參加國家考試也不錯！」因此興起了我報考國考的念頭。

　　但動念的同時，迎面而來的問題便是要報考哪個類組？

　　一開始，我和許多考生一樣，參考各公職補習班的資訊及網路上的資料，原本打算選擇看似門檻較低的一般行政類組應考，但在幾經觀察和分析後，發現一般行政類組的缺點──錄取率低、競爭者眾（這一點，光看補習班的開課班數就知道了，高普考補習班的一般行政類組開課量總是最高的）。因此選擇了第二熱門的類組──財稅行政。

　　這個選擇一方面是考量到其他考試類組的專業門檻較高，對於完全沒有基礎的考生，入門學習上相當吃力，也很難與其他相關專業所學者競爭，另一方面還考慮到財稅行政類組的部分科目（例如民法、稅務法規），雖然我沒有學過，但綜觀報考的考生，大家也幾乎都沒有學過。當所有考生都站在一樣的起點時，只要我能比其他人多掌握一點技巧、訣竅，就有很大的機會能夠脫穎而出。再者，財稅行政類組的錄取率並不低，報考人數又明

顯較一般行政類組少，對於目標放在「一定要考上」的我來說，是最佳的選擇。

總結我個人參加國家考試與其他成功上榜者的經驗，準備國家考試絕非一蹴可及。坊間許多補習班或書籍都強調「一年考取」，但真正詢問上榜的考生，大多數能夠一年考取的，通常在學生時代早有相關科目的學習基礎。如果你正準備要加入國考行列，或已經在國考準備中努力，我建議先審慎衡量自己的能力和讀書方法，並且建立一套完整的應試準備策略。理解國考與證照考試不同的點在於它有八個科目要準備，而不是只有一科，既然是長期、多科抗戰，那麼在時間運用上就一定要講求效率！

在國家考試中，如果沒有作好讀書計畫，時間非常容易從指縫間溜走的，而且隨著長時間的準備，與其他考生之間的差距會越拉越大。許多人都在這種不斷落後的情況下，拖垮了自信心和意志力。

在面對國考時，我一開始就給自己設定兩年的時間準備。第一年試水溫的同時，針對所有科目都打了一個紮實的基礎，並對考題和考試內容進行分析與判斷，第二年好好複習、練習解題，後來三場國家考試通通榜上有名。

因為錄取三榜的緣故，許多考生總會追問我到底是如何考上、如何應試？回答多了，我漸漸發現大家的問題經常都是相同的，或者他們的難題，其實只需要一點解惑就能迎刃而解，因此

興起了將考取公職的心得公開分享，期望幫助更多正在公職備考之路上前進的考生們。

　　本書不僅只是介紹財稅行政類組的考試內容，也希望提點大家「如何往對的方向去努力」。

　　準備參加國家考試，考生們必須先建立幾個觀念：

　　第一，把每一年都當作是最後一年在考試。要有這種讀書心態，讀書才會有效率，不然非常容易怠惰，萬萬不可小覷我們懶惰的天性。

　　第二，規畫出最適合自己的讀書計畫，按表操課。讀書計畫表將是你在漫長的備考過程中，陪伴你走完全程的引路明燈。可以說決定錄取與否的關鍵，全看讀書計畫表的設定。

　　第三，使用對的讀書方法以及保持良好的讀書習慣、作息。

　　以上幾點，看似是老生常談，但如果仔細分析和探討，就能找出你的缺點並修正缺陷，增加錄取的機會。貫徹本書所說的要點，相信你就會是下一屆金榜題名的考生！

徐敏玉

目錄

Chap 6

**應考實戰密技──
考科題型破解大公開**

165

公職考生的第一首選──
財稅行政類組

- 以考取公職為目標,最重要的是必須先「考上」,因此必須謹慎選擇考試類組。

- 財稅行政類組考生的程度差不多,即使非專業出身,只要邏輯概念清楚,學習得法,很容易進入狀況。

- 各級財稅行政類組考試,內容採選擇題與申論題各半,適合不擅長申論題的考生。

- 商、法學生在本類組有極大優勢,也適合擅長記憶、分析者報考。

- 不要被平均分數所迷惑,共同科目與專業科目都必須重視。

- 建議同時報考高考與普考,以提升上榜機率,並藉由前三天的普考習慣考試的感覺。

- 留心應試資格,各級國家考試對於應試資格有不同的限定。

選考財稅行政類組的優勢

國家考試，可大致上分為兩種：公務人員考試及專技人員考試。

公務人員考試錄取的考生，未來將成為政府、公家單位的員工，起薪通常較民間企業高，工作也相對穩定，「保障與穩定」可說是公務人員的代名詞！

既然以考取公職為目標，那麼最重要的是必須先「考上」。因此從一開始在選擇考試類組時，就必須慎重。

公務人員考試類組中，最常聽見的莫過於一般行政類組。因為人人都可以報考，考試門檻是各類組中最低，因此競爭激烈，落榜的考生如過江之鯽，故又被戲稱為「死亡類組」。

而本書鎖定的財稅行政類組，競爭考生較少，但錄取名額居高不下。再加上每兩年政府另外加開稅務特考，考科與內容通常相差不遠，因此對於本類組的考生來說，能夠參加國家考試的機會相對增加，考取公職的機率也大幅度提高！

許多人都覺得，選考財稅行政類組的考生一定要是商科畢業。但在我經歷的兩年國考生涯中，卻發現很多上榜的考生和商科八竿子打不著。在沒有專業基礎的劣勢下，他們為什麼能夠在以商科生為主的考場中脫穎而出，順利上榜呢？

根據我的分析，原因出在考科內容。

財稅行政類組的專業考試中，考科分成法科及商科兩種不同的性質。一般商科生未必能掌握法科考試的內容，而法科生也很少能夠完全掌握商科考試，因此在素質上多數考生的程度都差不多。所以即使你並非商科或法科出身，只要邏輯概念清楚，透過有條有據的複習和整理，都可以快速進入狀況。

　　因此在我看來，財稅行政類組不僅適合商科生報考，即使是一般考生，也能夠在這個類組中有不俗的表現。

　　如果你有志擔任公職，在備考之前，一定要好好思考自己到底適合哪個考試的類組。

　　那麼，如果你選擇財稅行政類組，到底可以考哪些國家考試呢？接下來，我將整理財稅行政類組考生能夠參加的國家考試相關資訊。我們的主力雖然針對高考，但就這些觀察和資訊，將解析報考財稅行政類組較具優勢的原因，並從考科中分析，到底什麼樣的考生適合報考本類組。

小叮嚀：

☞ 財稅行政類組除了可以考高普考與初考之外，另外還有多種地方特考、關務特考、稅務特考等定期開考，補充缺額，是公職考試中考試機會最多的類組。

☞ 混合出題模式，適合不擅長寫申論題的考生。

☞ 本類組多數考生非商、法專業出身，對想要跨領域的考生而言較有利。

☞ 選擇考試類組攸關上榜與否，最好冷靜判斷，而非人云亦云。

表1-1：各級公職考試財稅行政類組比較

考試名稱	應考資格	考試科目	錄取分數
高考三級（又稱高考）	1.公立或立案之私立獨立學院以上學校或經教育部承認之國外獨立學院以上學校相當學系畢業者。 2.經普通考試或相當普通考試之特種考試及格滿三年者。 3.經高等檢定考試及格者。	**共同科目：** 1.國文 2.法學知識與英文 **專業科目：** 1.租稅各論　2.民法 3.財政學　　4.經濟學 5.會計學　　6.稅務法規	63.32
普通考試（又稱普考）	1.公立或立案之私立高級中等學校畢業得有證書者。 2.經初等考試或相當初等考試之特種考試及格滿三年者。 3.經高等或普通檢定考試及格者。	**共同科目：** 1.國文 2.法學知識與英文 **專業科目：** 1.財政學概要 2.會計學概要 3.稅務法規概要 4.民法概要	69.625
地方特考三等考試	1.公立或立案之私立獨立學院以上學校或經教育部承認之國外獨立學院以上學校相當學系畢業者。 2.經普通考試或相當普通考試之特種考試及格滿三年者。 3.經高等檢定考試及格者。	**共同科目：** 1.國文 2.法學知識與英文 **專業科目：** 1.租稅各論　2.民法 3.財政學　　4.經濟學 5.會計學　　6.稅務法規	各地錄取分數不一，雙北、高雄平均65～70分；其他地區平均在60～65分。
地方特考四等考試	1.公立或立案之私立高級中等學校畢業得有證書者。 2.經初等考試或相當初等考試之特種考試及格滿三年者。 3.經高等或普通檢定考試及格者。	**共同科目：** 1.國文 2.法學知識與英文 **專業科目：** 1.財政學概要 2.會計學概要 3.稅務法規概要 4.民法概要	各地錄取分數不一，金門考區約為60分，其餘地區約為70分。

	錄取率	到考人數	錄取人數	報名日期	考試日期	職等及薪資
	8.1625%	2675	197	三～四月	七月	委任五等五或薦任六等一，薪資約為 43350 元或 46225 元。
	5.0725%	2999	208	三～四月	七月	委任三等一，薪資約 36275 元。
	3.2875%（全台平均）	929	40	九月	十二月	委任五等五或薦任六等一，薪資約 43350 元或 46225 元。
	3.69%	595	22	九月	十二月	委任三等一，薪資約 36275 元。

考試名稱	應考資格	考試科目	錄取分數
地方特考五等	中華民國國民，年滿18歲以上，不限學歷。	**共同科目：** 1.國文　2.公民與英文 **專業科目：** 1.財政學大意 2.稅務法規大意	各地錄取分數不一，平均82分。
初等考試	中華民國國民，年滿18歲以上，不限學歷。	**共同科目：** 1.國文　2.公民與英文 **專業科目：** 1.稅務法規大意 2.財政學大意	86.6125%
稅務特考三等（兩年開考一次）	中華民國國民年滿18歲以上，並具有下列各款資格之一者： 1.公立或立案之私立獨立學院以上學校或經教育部承認之國外獨立學院以上學校各系、組、所畢業得有證書者。 2.經普通考試或相當普通考試之特種考試及格滿3年者。 3.經高等檢定考試及格者。	**共同科目：** 1.國文 2.法學知識與英文 **專業科目：** 1.租稅各論　2.民法 3.財政學　　4.會計學 5.稅務法規	60.592
稅務特考四等	中華民國國民年滿18歲以上，並具有下列各款資格之一者： 1.公立或立案之私立高級中等以上學校畢業得有證書者。 2.經初等考試或相當初等考試之特種考試及格滿3年者。 3.經普通檢定考試及格者。	**共同科目：** 1.國文 2.法學知識與英文 **專業科目：** 1.會計學概要 2.民法概要 3.稅務法規概要	66.399
關務特考三等	中華民國國民年滿18歲以上，並具有下列各款資格之一者： 1.公立或立案之私立獨立學院以上學校，或符合教育部採認規定之國外獨立學院以上學校各系、組、所畢業得有證書。 2.經普通考試或相當普通考試之特種考試及格滿3年。 3.經高等檢定考試及格。	**共同科目：** 1.國文 2.法學知識 **專業科目：** 1.英文　2.行政法 3.民法　4.財政學 5.國際貿易實務	57.575

錄取率	到考人數	錄取人數	報名日期	考試日期	職等及薪資
3.83%	469	18	九月	十二月	委任一等一，薪資約29345元。
2.0925%	1550	38	十月	一月	委任一等一，薪資約29345元。
6.09%	1877	104	六月	九月	薦任第六職等本俸一級薪俸，薪資約48970元。
3%	652	22	六月	九月	委任第三職等本俸一級薪俸及第四職等專業加給，薪資約39125元。
9.115%	179	5	一月	四月	高級關務員三階本俸一級起敘，薪資約51000元。

註：錄取分數及錄取率以近四年為準，平均計算得出的數字，其餘為民國一〇四年的資料。

採用混合試題,適合不擅長申論題的考生

如果拿出財稅行政類組的歷屆考題一看,我們會發現,**各等級的財稅行政類組考試內容,選擇題與申論題佔分各半。**

這句話是什麼意思呢?

全申論題(包括計算題)的考試難度較高,比較難以準備。因此在考前準備選擇題與準備申論題,所需要花的時間與精力是完全不一樣的。

準備申論題需要花極大的工夫,去通透、理解科目的內容,才能夠在考試時寫出完整縝密的擬答。對許多不擅長寫申論題的考生來說,經常寫好幾頁的內容也未必能得到高分。如果遇到完全沒看過的題型,甚至完全回答不出來,或者答非所問。

但如果是選擇題,正解必定在四個選項中,只要有點印象或仔細推敲,通常都可以解得出來,不需要花太多時間準備。再者即使不會回答,還可以試著憑運氣猜,說不定有可能猜對得分!

非財稅行政類組的高考或者是三等級別的考試,大多採用全申論式的題型;而普考或者是四等級別的考試,部分科目是全申論題,但部分科目採用申論和選擇題各半的方式進行。

相形之下,財稅行政類組在考試題型上,因為一半是選擇題,所以準備比較不吃力,壓力也比較低。

會計學非錄取關鍵，一般生容易準備

財稅行政類組要考的會計學，難度係屬於中級會計學。但多數商科學生只有初級會計學的基礎，因此大家都覺得最難準備的考科就是會計學了。

至於完全沒有商科基礎的考生，更覺得會計學的難度高，無從準備起，就像是連初級英檢都沒考過，就直接跳級考中高級英檢一樣的困難。

但真實考過這些考試後，我才發現，考生們不用太過執著於會計學的成績高低。

分析本類組的錄取分數後會發現，以會計學一科來看，即使是錄取者，該科成績也普遍較低，甚至零分上榜者大有人在。但就因為本科目的平均得分偏低，考生對會計學的分數自然也不需要太過強求。

除了會計學之外，本類組考生的次大挑戰科目是稅務法規。

但稅務法規考試的內容，除了專業財稅系學生有學過之外，就連一般商科生都沒有這一科的學習基礎。另外，其他考科的專業性並不太高，較容易準備。

✅ 錄取人數多

從表 1-1 中可以注意到，一〇四年高普考中，財稅行政類組的錄取人數一九七人，錄取人數相當高。但錄取名額多寡，與政府開缺的缺額有關，每年狀況不同，單看一年的錄取名額無法準確判斷是否有錄取優勢，因此我們蒐集相關資料，以最近五年高普考財稅行政類組和一般行政類組錄取名額相較，製作成下表。

表1-2：近五年高考財稅行政類組與一般行政類組錄取比較

	高考財稅 行政類組		高考一般 行政類組		普考財稅 行政類組		普考一般 行政類組	
	錄取 人數	錄取率	錄取 人數	錄取率	錄取 人數	錄取率	錄取 人數	錄取率
104 年 錄取人數	197	7.36%	176	5.29%	208	6.94%	254	3.57%
103 年 錄取人數	264	8.33%	184	4.97%	145	4.25%	133	3.24%
102 年 錄取人數	284	7.57%	251	5.87%	216	4.83%	299	3.16%
101 年 錄取人數	369	9.39%	233	5.87%	204	4.27%	250	2.50%
100 年 錄取人數	358	8.97%	210	6.30%	126	3.08%	234	2.86%

如表 1-2 所示，財稅行政類組往年的缺額都在兩百人左右，有時甚至還會突破三百人，缺額雖然時有起伏，但平均看來相當穩定。

　　同樣平均開缺人數穩定的，莫過於一般行政類組。但以高考來說，財稅行政類組錄取率更高，競爭遠較一般行政類組小。

　　如果以普考的狀況來看，雖然一般行政類組錄取名額較多，但因為錄取率較低，報考人數很多，競爭相當激烈。

　　在國考考試中，還有些考試類組並非固定每年開缺，而是有需求才開缺。那些專門準備特定類組的考生，經常一等就是好幾年。另外有些考試類組例如公平交易管理、智慧財產行政等等，因為缺額稀少，經常一年只釋出個位數的缺額，所以如果打算報考這些特殊類組以進入公職的話，競爭格外激烈，難度也很高，就「考取」的前提而言，機會比較低。

　　透過以上分析，我們會發現，財稅行政類因為有一定的門檻，所以如果考生已經有商學院的基礎，報考本類組將更具優勢，且財稅類組因錄取名額多，錄取率不降低反而升高。

 ## 考試機會頻繁

　　財稅行政類組的考試機會明顯比其他類組來得多，除了一般常見的相關國考之外，另外還有專為財稅人員舉辦的「稅務特

考」可以參加。正因為稅務考試只限財稅行政類組及財稅法務類組的考生參加，但此類別的考生通常主力都放在高普考上，所以稅務特考的競爭者明顯較更少，而考試科目大同小異，考取的機率大增，請考生們務必把握。

此外，不只是國家考試，許多國營事業招考時，也有財會類組的考試可以參加，可說本科考生擁有多方出路。不過在準備的時候，必須要因應各事業單位的考試科目和錄取標準，多準備一到兩個特殊考試科目。

 ## 薪資高、缺額遍及全臺

對於財稅行政類組的考生來說，一旦考上，就薪資而言，比其他類組錄多領一份三千元到五千元不等的「稅務加給」，如果最後進入國稅局工作，起薪會更較其他同等級的考試類組錄取者為高。

另外對許多人來說，考前只希望能上榜，不太會想到上榜後的發展和可能性。而對考上的人而言，考取後因為按缺額分發的緣故，很難按照自己的期待去選擇工作的地點，往往必須離鄉背井開始新的人生。

但財稅行政類組的缺額較多，遍及全臺，如果能夠在離家近的單位工作，想必會方便許多。

總之從上述的分析我們可以得知，財稅行政類組的高等及三等考試錄取分數較低、上榜率較高，需要準備的科目也較少，薪水高，進入中央機關工作的升遷機會更多，不管從考試的優勢和發展方向來看，選考財稅行政類組高等及三等考試，都比較有機會錄取公職。對於以「考上」為最高目標的考生來說，在選擇考試類組時，應該優先考慮報考財稅行政類組。

小叮嚀：

☞ 國考財稅行政類組的會計學難度係屬中級，因為難度高，考生成績普遍低分。以上榜分數來看，不乏有人在會計學一科拿零分。但如果決心報考本類組，就不能抱持著「放棄會計學，靠其他擅長科目拉分」的僥倖心態，因為你擅長的科目，別的考生未必不擅長，輕易放棄，恐難脫穎而出。最好的心態是在擅長的科目上盡力求高分，不擅長的科目也盡力爭取拿到平均分數。

☞ 以高普考的財稅行政類組錄取人數來看，政府單位一直長期性、穩定性的補充這一類型的人才，再加上相關其他特考與國營事業也大量需求財稅行政類組的員工，因此準備本類組的考生，有比其他類組更多的考試機會與發展可能。

留心應試資格！

　　各級國家考試對於應考資格各有不同的限定。報考前，考生一定要確認自己是否符合應試資格，不然耗時準備，卻因為不符合資格而被退件，實在是得不償失。

　　目前國家考試中有三種考試的應考資格，其代表意義如下所示：

高等考試或是「三等」字樣的考試

應試資格	代表意義
（一）公立或立案之私立獨立學院以上學校，或符合教育部採認規定之國外獨立學院以上學校各系、組、所畢業得有證書者。	考生須具有大專院校畢業的證書。
（二）經普通考試或相當普通考試之特種考試及格滿三年者。	已經在普通考試或特種四等考試上榜滿三年的前公務員或現任公務員。
（三）經高等檢定考試及格者。	高等檢定考試目前已停辦。

普通考試或者「四等」字樣的考試

應試資格	代表意義
（一）具有高等考試應考資格第一款資格者。	考生須具有大專院校畢業的證書。
（二）公立或立案之私立高級中等學校畢業得有證書者。	考生具有高中（職）畢業的學業證書。
（三）經初等考試或相當初等考試之特種考試及格滿三年者。	已經在初等考試或特種初等考試上榜滿三年的前公務員或現任公務員。
（四）經高等或普通檢定考試及格者。	該檢定考試目前已停辦。

初等考試或者是「五等」字樣的考試

應試資格	代表意義
中華民國國民，年滿 18 歲以上，不限學歷。	年滿 18 歲，中華民國國民皆可報考。

什麼人適合考財稅行政類組？

前面介紹了財稅行政類組的考試資訊，並分析我們選考本類組的優勢。透過這些訊息，可以歸類出適合報考本類組的考生類型。

 ## 商科生立於不敗

財稅行政類組中，普遍平均得分最低的考科是會計學，可見會計學的難度有多高。因此有修過會計學的考生在報考本類組時，相當吃香。

而出乎意料的是，本類組非常適合高職畢業的商科生報考。因為在職校的課程安排中，商科生必修「初級會計學」與「經濟學概論」，而且一修就是三年。

本類組的會計學考試偏難，雖然高職生修了初級會計，也未必能佔絕對的優勢，可是畢竟打下了會計學的基礎，在準備上較一般人先行一步。但如果是經濟學，高職商科生在準備總體經濟學或者是個體經濟學的入門階段，都省下很多時間。比起從未學過這兩科的考生們，可說是佔有先機。

除了高職商科生之外，大學企業管理系或經營管理系、經濟系或相關研究所畢業的學生，因為熟悉經濟學、會計學，也頗具優勢。

但單純只有一科的優勢是不夠的，必須盡量往有其他關連的科目上延伸發展。例如對於曾修過財政學的人來說，因為這一科也需要經濟學的基礎，如果能夠一次在兩個科目上站住腳，幾乎就能立於不敗！

或許你會懷疑，本類組考試中還有許多法律內容，如民法、稅法以及非法科的財政學，對商科生而言相當棘手，但其實多數考生對此同樣也都沒有涉獵，大家幾乎都是為了準備考試才初次學習，因此如果能在準備過程中先有一些基礎，就等於比旁人更進一步。

另外商學院的學生中，財經、財稅系所背景的考生在報考本類組時相當吃香。因為他們在財政學及稅務法規這兩門科目都有涉獵，而經濟學與會計學更是必修的科目。這一類考生通常只要準備一年至兩年左右的時間就能有很好的表現，甚至許多人應屆考上，從學生無縫接軌過度為公職人員。

 ## 有法學基礎者駕輕就熟

「民法」是財稅行政的考試科目之一，部分考生對法學科目

基礎不足，無法夠融會貫通，因此如果考生具有一定程度法學基礎，在本類組考試中頗具優勢。

通常修過法學課程的學生，在共同科目的法學知識與英文能夠十拿九穩的取得高分，而且準備起稅務法規科目的考試內容時，也能夠很快進入狀況。妥善利用此三科的學習基礎，在考前準備時有事半功倍的效果，對於成績表現有很大的幫助。

背功強、擅長分析者後來居上

財稅行政類組被譽為第二熱門的考試類組，顯然並非只有商科或法科出身的考生報考，我身邊也有許多非法商背景考生上榜的例子。

根據我的觀察發現，非法、商科出身的考生們能夠成功上榜的原因，經常與個人特質有關。像是擅長背誦記憶的人，在記憶法條或內容上能夠快人一等，而具有善於分析、統整能力的考生，即使沒有財稅相關科目的基礎優勢，但因為理解與掌握力佳，表現上反而能超越商法科出身的考生。

另外，還一種特質不可不提：堅定不放棄的讀書態度。不管是不是商法科系出身的考生，有沒有超強的記憶力或分析統整力，只要投入足夠的讀書時間，靠著持之以恆的努力和有效的讀書方法、計畫安排，按部就班地準備，都能在成績上獲得回饋。

優勢不代表一切，
更重要的是準備態度

　　在和考生們分享上榜心得時，每當我說自己是商科出身，他們往往的反應都是：「難怪你會考上，因為你有商學院背景。我不是，所以我才考不上。」

　　但我有一位同期上榜的考友，之前是程式設計工程師，與商學院、法學院毫無關係，是在經過審慎考慮後，才決定加入財稅行政類組的戰場。她告訴我自己考取的祕訣非常簡單，就是：「每天都要讀書，不可以偷懶，不會的科目如會計一科，更應該每天研讀三個小時以上。」

　　就是這種堅定紮實的讀書態度，才能令她在絲毫不具有優勢的情況下征服國考，金榜題名！

各級國考財稅行政類組考試全解析

 高等考試及地方特考三等考試

表1-3：高等考試及地方特考三等考試內容

科目分類	科目名稱	題型及佔分比例	考試範圍
共同科目 （佔總成 績20%）	1.國文	作文，佔60% 公文，佔20% 測驗題，佔20%	國文
	2.法學知識 與英文	憲法15題，佔30% 法學緒論15題，佔30% 英文20題，佔40%	憲法、法學大意、特別法 英文
專業科目 （佔總成 績80%）	1.租稅各論	申論2題，佔50% 選擇25題，佔50%	財政學 稅務法規
	2.民法	申論2題，佔50% 選擇25題，佔50%	民總、債各、債總、物 權、親權、繼承
	3.財政學	申論2題，佔50% 選擇25題，佔50%	公共支出、公共選擇、成 本效益分析、公共收入
	4.經濟學	申論2題，佔50% 選擇25題，佔50%	個體經濟學及總體經濟學
	5.會計學	申論2題，佔50% 選擇25題，共50%	中級會計學（注意：IFRS 已納入考試範圍）
	6.稅務法規	申論2題，共50% 選擇25題，共50%	國稅、地方稅、其他條 例、條約

在高考與地方三等考試中，財稅行政的考試科目總共有八科，按照計分原則，分為「共同科目」及「專業科目」。

共同科目為國文、法學知識與英文，是全體考生都要準備的考試科目。

國文的考試範圍包括作文、公文、測驗題。

法學知識與英文的考試範圍包括憲法、法學大意、特別法和英文。

在高考或三等考試中，共同科目只佔總成績 20%，這也就是說，兩科共同科目即使都拿到全滿分（每科 100 分），但當計算總分時，總成績不過各拿 10 分，也就是得到 20 分。

而專業科目分別為稅務法規、租稅各論、會計學、經濟學、民法、財政學六科。

專業科目指的是不同類組的專業性科目，佔總成績 80%。這也就是說，專業科目每科都拿到全滿分（每科 100 分），最後得到的總分是 80 分。

必須特別說明，因為國家考試中的會計類組裡，有考科名為「中級會計學」，而財稅行政類組的科目名稱只寫了「會計學」，所以經常會造成考生誤會，以為財稅行政類組的會計學考試比會計類組來得簡單，大概是「初級會計學」的程度，但其實財稅行政類組中會計學考的也是「中級會計學」。

佔分 20% 的共同科目才是真正的錄取關鍵

　　高考及地方特考三等考試中有個計分上的特色：共同科目只佔總成績的 20%，而專業科目卻佔總成績的 80%。

　　這個特色對考生來說經常是造成誤判的陷阱，會讓多數人迷失。很多人錯誤的以為，即使在共同科目上非常用功準備，頂多只能得到 20% 的分數，還不如在佔分比重較高的專業科目上多花工夫準備，投資報酬率更高！

　　但如果考生們多多觀察近幾年的考試結果就會發現，其實真正有在專心備考的考生中，考上的人與落榜的人之間落差分數並不大。經常許多人準備了一整年或好幾年，但只差 0.1 或 0.2 分飲恨落榜，所以我們時常聽到許多落榜考生懊悔「不甘心，只有一題之差」。

　　這樣的事例層出不窮，但在惋惜的同時，也能覺察出一個事實：真正有可能考上的競爭者之間彼此程度落差不大，大家經常都只有一題或兩題的差距。

　　但這關鍵的 0.1 或 0.2 分，究竟要從哪裡取得呢？答案便是共同科目。

　　多數考生總是把重心放在專業科目上，認為既然大家共同科目程度普遍都差不多，那麼在這上面努力也不可能有多少突破，不必多費時間準備。而結果通常也不出所料，他們在共同科目的表現上都很低分，尤其是英文。

然而我們必須要審慎計算一下，看看多數人「重視專業科目遠勝共同科目」的這個想法是否正確？

　　如果一科共同科目拿到 100 分，意味著取得總成績 10 分。這也就是說，在共同科目上拿到 10 分，就取得總成績 1 分，再往下延伸，共同科目上拿到 1 分，換算成總成績就是 0.1 分。

　　再來看專業科目，如果專業科目全對拿到 600 分，換算成總成績就是 80 分。這也就是說，如果專業科目拿到 300 分，總成績就是 40 分。再往下延伸，專業科目如果拿 100 分，總成績就是 13.33 分……專業科目每取得 1 分，換算成總成績是 0.133 分。

　　在這種情況下，考生在共同科目考試中，每答對一題 2 分的選擇題，可以提高總成績 0.2 分；但同樣是答對一題 2 分選擇題，專業科目得到的總成績是 0.266 分。兩者之間總差距是 0.066 分。

　　乍看起來，你可能會覺得 0.066 分的差距並不大，而且即使是這麼細微的差距，算起來還是多取得專業科目的分數更有利。

　　但考生必須思考一點：大多數的人都把力氣用在專業科目上，然而專業科目的成績差距並不大，可是共同科目的成績因為平均偏低，所以只要能多答對一題，就能紮紮實實地多搶到 0.2 分的總成績。換言之，當別人都放棄共同科目的時候，我們可以反其道而行，靠共同科目爭奪分數。

　　再者，在爭取分數的時候，是從普遍得分低的共同科目中多拿一題分數簡單呢？還是在已經高分的專業科目多拿一題分數容

易呢？這個答案，相信大家都能判斷。

　　說到這裡，我們也發現一個隱藏的事實，財稅行政類組考試中，如果考生在共同科目具有優勢的話，即使專業科目稍弱，也能拉抬分數。也就是說，擅長國文、英文和背科法律的考生，在這一類組裡是相當吃香的。

混合試題，適合對申論題感到苦惱的考生們

　　財稅行政類組的考試採用「混合試題」，專業科目中一半是申論題、一半是選擇題。相較之下，其他類組在高考或三等考試時，大多是採用全部申論題的題型，因此財稅行政類組的考生在備考壓力上相對來說比較輕鬆。

　　關於題型不同所造成的影響，前面已經有所說明，在此不再多說。但對於不擅長統合整理、思考、陳述的考生來說，或許仍對剩下的一半申論題題型感到畏懼，其實這是不必要的擔憂。

　　根據我兩年的備考經驗，發現申論題的得分要訣並不在於長篇大論的陳述，而是在於答題精準、表述清晰，至於計算型的申論題得分與否，主要看答案是不是正確，這也就是說，只要掌握申論題的寫法，得分並不是難事。

　　相關於申論題的答題方法、表述形式，我將在後續的內容中逐一說明。

總之，從財稅行政類組的考科和出題類型狀況來判斷，很適合不擅長申論題的考生。

不要被平均分數所迷惑，注意考科得分的安排

先前曾提過高考及地方特考三等考試的錄取分數，通常落在 63 至 68 分之間，但一般考生總會將結果解讀成「只要每科都拿到 60 分出頭，就能輕鬆上榜」。然而這是一個錯誤的想法，事實並非如此，想要取得 60 分並沒有想像中容易。

例如很多考生都以為國文是自己最熟悉的科目，必定能夠輕鬆得分，但卻不知道想要在國文突破 60 分的關卡其實相當困難，原因出在作文佔分的比例。

作文佔了整體國文成績的 60%，也就是 60 分。但一般考生能夠拿到的作文成績，平均約在 30 分上下，而公文考題大多能夠拿到 10 分，測驗題約是 14 分左右……總和計算，多數考生在國文科的表現上可能落在 54 分左右。離理想標準 60 分還有 6 分的距離，這也表示，想要每一科都拿到 60 分，是非常困難的。

另外這也意味著看似容易得分的國文科，註定將是拉低總成績分數的科目之一。

再者，專業考科中的會計學因為難度高，通常也是拉低總成績的原因之一。因此想要所有科目都能達到 63 至 68 的平均分數

是極度困難的。

　　因此在分數的安排上，我們要有一個打破平均分數的概念：**至少要有一科成績達到 80 分以上，兩科成績在 70 分以上，才能夠將總成績拉到 63 分以上。**

無論共同科目或專業科目，不可放棄任何一科

　　從前面分析的內容，你會發現，在國考中每一個科目、每一分得分都非常重要，絕不能輕易放棄，因此即將要面臨考試的你，一定要坦承地衡量自己對於每個科目的掌握度。

　　許多考生到了最後，總會萌生出想要放棄表現不佳的科目，把力氣用在更擅長的考科上，在能得分的地方多取得幾分，以拉抬分數的念頭，但這種想法反而是造成落榜的原因之一。因為以考生普遍的狀況來看，即使是非常擅長的科目，也很難拿到過人的成績，大幅度拉開你與其他競爭者的差異，然而只要有一科落於人後，落差就會立刻顯現出來。

　　所以到了考試的最後，考生們反而要有一個信念：**不放棄任何一科，盡量把弱科拉到最低標分數，避免降低總成績。**

普通考試及地方特考四等考試

表1-4：普通考試及地方特等四等考試內容

科目分類	科目名稱	題型及佔分比例	考試範圍
共同科目	1. 國文	作文，佔60% 公文，佔20% 測驗題，佔20%	國文
	2. 法學知識與英文	憲法15題，佔30% 法學緒論15題，佔30% 英文20題，佔40%	憲法 法學大意 特別法 英文
專業科目	1. 民法概要	申論2題，佔50% 選擇25題，佔50%	民總、債各、債總、物權、親權、繼承
	2. 財政學概要	申論2題，佔50% 選擇25題，佔50%	公共支出、公共選擇、成本效益分析、公共收入
	3. 會計學概要	申論2題，佔50% 選擇25題，佔50%	初級會計學（注意：IFRS已納入考試範圍）
	4. 稅務法規概要	申論2題，佔50% 選擇25題，佔50%	國稅、地方稅、其他條例、條約

　　從考試的安排來看，普考與高考在命題的類型安排上差異並不大。但兩種考試最大的不同點在於：**普考的共同科目與專業科目計分比重都相同。**

這也意味著，普考沒有偏重專業科目，而共同科目將會更加重要。因此選擇普考的考生們在準備國文與法學知識與英文兩個科目時，應該要下更大的工夫。

　　普考的錄取率雖然沒有高考來得高，但是它的優勢在於容易準備。從表 1-4 的考科名稱中可看出，普考的專業科目清一色都加上了「概要」兩個字，也就是說考試內容會比高考簡單，就連會計學，考生普遍都能有 70 至 80 分的成績表現，與高考會計學大多得分低相較，顯然容易許多。但不要因為容易得分就輕忽了對普考的準備，正因為得分容易，相對來說錄取分數偏高，競爭會更加激烈。

　　普考可以說是財稅行政類組報考人數較多的一門考試，主要因為應考資格較寬鬆，準備起來比較輕鬆，所以選擇普考的考生比較多。

　　值得一說的是高考與普考是連續的考試，總共有五天考期，前三天是普考，後兩天是高考。**考生可以分別報名，同時參加兩種國家考試。**

　　雖然一次考五天非常辛苦，但連續經歷兩場考試，大大提升上榜的機會，同時也能藉由前三天的普考習慣國考的氛圍。因此對於有志於上榜的考生來說，請務必同時報名這兩場國家考試。

地方特考的差異性

很多人覺得地方特考與高普考等國家考試相同，但其實高考、普考和初等考試，與地方特考分發的單位和分發方式有很大差異。

高普考是全國分發，在分發志願時，將依照全國各地申報的缺額，供上榜生填選。依據排名次序，考生可以決定自己未來工作的地點，具有比較大的自由度；而地方特考在考試前便已決定了錄取後的工作的地點。

例如考生在台北考區參加地方特考，地方政府將依照台北一地的缺額決定錄取人數，再由上榜生填選志願，此時考生只能夠選擇到位在台北的缺額機關工作。

 **關務三等特考**

表1-5：關務特考財稅行政類組考試內容

科目分類	科目名稱	題型及佔分比例	考試範圍
共同科目 （佔總成績 20%）	1.國文	作文，60% 公文，20% 測驗題，20%	國文
	2.法學知識	憲法25題，佔分50% 法學緒論25題，佔分30%	憲法 法學大意 特別法 英文
專業科目 （佔總成績 80%）	1.英文	翻譯 2 題，佔分 30% 作文 20% 測驗 25 題，佔分 50%	英文
	2.行政法	申論 4 題，佔分 100%	行政法
	3.民法	申論 4 題，佔分 100%	民總、債各、債總、物權、親權、繼承
	4.財政學	申論 4 題，佔分 100%	公共支出、公共選擇、成本效益分析、公共收入、個體經濟學、總體經濟學、稅務法規等等
	5.國際貿易實務	申論 4 題，佔分 100%	國際貿易實務

關務特考的考試方式與高考相同，共同科目佔總分的 20%，專業科目佔 80%。但關務特考的專業科目只有五科，所以專業科目重要性大幅提高，考生必須好好把握這五科的分數。

另外從關務特考的考科與題型中可以發現，因為關務工作內容與進出口相關，較注重英文，英文成為獨立的考科，採混合試題考試。

英文考試中翻譯題就佔 30 分，內容包括英翻中與中翻英，另外還有 20 分的英文作文和 50 分的選擇題，可見英文在關務特考中的重要性。從這裡也可以看得出來，這個考試很適合擅長英文的考生參加。

另外關務特考與其他國家考試不同，財稅行政類組必須特別準備兩個新考科：行政法與國際貿易實務。但也因為這兩科並非高普考的考科，所以在整體考試的表現上，這兩科的平均分數不會太高。

關務特考是國家考試中比較冷門的一項，其分發單位與關稅局有關，工作性質也跟進出口相關。工作內容雖然較為辛勞，但薪資顯著提高，起薪約有 51000 元。

關務特考每年開考一次，每年年初一月時開始報名，四月進行考試。有志參加關務特考的考生，在前一年的十二月就要注意考選部網站發布的訊息。

 稅務三等特考

表1-6：稅務三等特考財稅行政類組考試內容

科目分類	科目名稱	題型及佔分比例	考試範圍
共同科目 （佔總成 績20%）	1.國文	作文，60% 公文，20% 測驗題，20%	國文
	2.法學知識 與英文	憲法 15 題，佔分 30% 法學緒論 15 題，佔分 30% 英文 20 題，佔分 40%	憲法 法學大意 特別法 英文
專業科目 （佔總成 績80%）	1.租稅各論	申論 2 題，佔分 50% 選擇 25 題，佔分 50%	財政學、稅務法規
	2.民法	申論 2 題，佔分 50% 選擇 25 題，佔分 50%	民總、債各、債總、物 權、親權、繼承
	3.財政學	申論 2 題，佔分 50% 選擇 25 題，佔分 50%	公共支出、公共選擇、 成本效益分析、公共收 入
	5.會計學	申論 2 題，佔分 50% 選擇 25 題，佔分 50%	中級會計學（注意： IFRS已納入考試範圍）
	6.稅務法規	申論 2 題，佔分 50% 選擇 25 題，佔分 50%	國稅、地方稅、其他條 例、條約

稅務特考主要是招募財稅機關所需要的人力，只有財稅行政類組及財稅法務類組考生可以參加，可說是專為財稅類組的考生而舉辦的考試。

　　因為通常國考生們主要目標都放在高普考，所以稅務特考的競爭者比其他財稅類型考試來得少，考取的機會也因此而增加，有志於公職工作的考生們務必把握。

　　從稅務三等特考的考試內容中可以發現，與其他財稅行政三等的考試相較，這裡少考一科經濟學。因為經濟學是一門需要花費很多力氣準備的科目，所以如果應試稅務特考，會比高普考來得更容易準備。

　　雖然稅務特考的佔分比例與高考一致，但因為專業科目只有五科，所以專業科目的得分將是決定錄取的最重要關鍵。

小叮嚀：

☞ 關務特考是本類組在各級國考中最特別的一種考試，因為工作性質的不同，特別要求考生的外語（英文）能力，很適合英語程度佳的考生報名應試。

☞ 稅務特考與其他國考頻率不同，每兩年舉辦一次。

 稅務四等特考

表1-7：稅務四等特考財稅行政類組考試內容

科目分類	科目名稱	題型及佔分比例	考試範圍
共同科目	1. 國文	作文，60% 公文，20% 測驗題，20%	國文
	2. 法學知識與英文	憲法 15 題，佔分 30% 法學緒論 15 題，佔分 30% 英文 20 題，佔分 40%	憲法 法學大意 特別法 英文
專業科目	1. 民法概要	申論 2 題，佔分 50% 選擇 25 題，佔分 50%	民總、債各、債總、物權、親權、繼承
	2. 會計學概要	申論 2 題，佔分 50% 選擇 25 題，佔分 50%	初級會計學（注意：IFRS 已納入考試範圍）
	3. 稅務法規概要	申論 2 題，佔分 50% 選擇 25 題，佔分 50%	國稅、地方稅、其他條例、條約

　　稅務四等特考又比其他財稅行政四等的考試少一門財政學概要。這也就是說，考生只要準備三個專業科目。所以如果選擇稅務四等考試，顯然會比普考更輕鬆些。

　　但在總分比例上，不管共同科目或專業科目，每個科目的比例都一致，所以表示科目的平均度很高，這也就是說，每個科目都必須取得一定程度的高分，不能輕易放棄。

 初等考試

科目分類	科目名稱	題型及佔分比例	考試範圍
共同科目（佔總成績 20%）	1. 國文	選擇題 50 題，佔 100%	國文（含公文格式用語）
	2. 公民與英文	全選擇題，公民 70%、英文 30%	接近法學知識與英文的範圍外加經濟學
專業科目（佔總成績 80%）	1. 稅務法規大意	選擇題 50 題，佔 100%	國稅、地方稅、其他條約
	2. 財政學大意	全選擇題 50 題，佔 100%	公共支出、公共選擇、成本效益分析、公共收入、個體經濟學、總體經濟學、稅務法規等等

原則上，初等考試是每年十月左右報名，隔年年初考試。

初等考試的門檻最低，各科考題都是選擇題，而應試條件不限制學歷，只要年滿 18 歲以上的中華民國國民都可以報考，所以它也是最多人競爭的國家考試（以一○四年度為例，報考人數為二○八○人），但換言之，它也是各級國考中，所有財稅行政類組考試裡錄取率最低的考試（一○四年度錄取率為 3.10%）。即使考上了，任用職等及薪資也是最基礎的（新台幣 29,340 元）。

也就是說，雖然同樣是公職考試，但初考的競爭者比高普考來得多，而考生所花的心力絕不會比高普考少。

別讓迷思害了你——
考生常犯的錯誤

- 好的讀書計畫表是配合自身的能力，讓你持續、不懈怠地一再執行，直到考試前一天為止。

- 難度≠效率，即使是低強度的讀書計畫表，只要完成就有進度。

- 執行「一本書主義」，把一套教材反覆透徹讀三遍，比讀三種教材但沒一種讀透更好！

- 即使是重考生，也應該重新打好考科基礎後再練習考古題。

- 利用小技巧控制自己的意志，並適當結合網路或智慧型手機的輔助，可幫助自己讀書、備考。

- 團結力量大，利用讀書會集思廣益、互相求進步。

- 家是懶惰的溫床，意志不堅者，應該離家讀書，避免在家摸魚怠惰，形成惡性循環。

迷思 1　複製成功者的計畫，忽略個人執行力

幾乎每個上榜的國考生在分享心得時，都會提到讀書計畫的重要性，但落榜生難道沒有設定自己的讀書計畫嗎？當然不是。

那麼上榜生和落榜生的讀書計畫之間，到底有什麼樣的差異呢？

根據我的觀察，兩種計畫的不同之處，只在於一個很簡單的關鍵──能否確實執行。

這裡並不是檢討每個人的耐力、毅力和執行力的多寡，而是考生們在自行設計計畫時，經常忽略了一個非常重要的重點，就是「我能不能徹底執行這套計畫」。

幾乎每個國考生都有類似的經驗：在聽了錄取者或榜首分享的經驗後，便參照成功者的經驗談，制定一套高強度的讀書計畫表。剛開始會按表操課，坐在書桌前狂念書，很容易便能達成計畫目標，但隨著目標達成而逐漸感覺到「不難執行」，漸漸地掉以輕心，經常在讀書時分心滑手機，或作別的事情等等。然而稍一不注意，時間很快就會過去，部分科目沒達到進度目標，只好挪用其他時間來補救……

但因為在高強度計畫表中，每天安排的讀書量很大，只要稍微拖延到進度或花時間補救，便會影響到接下來的其他計畫內

容。漸漸的，無法達成目標的科目越來越多，與表定計畫的差距越來越大，但自己卻越讀越少，心中感覺到挫折和困擾，覺得自己再也追不上進度……最後乾脆放棄這一份讀書計畫表。

如果你也有過類似經驗，先別急著懷疑自己不適合讀書或考試，我們要做的是先檢討讀書計畫表的制訂問題。

在做計畫表時，必須思考幾個關鍵重點——

不高估自身能力，適當給予緩衝

考生們在制定讀書計畫時，總會樂觀地認定自己具有超人的專注力和持續力，為了達成目標，全力以赴、絕不懈怠。於是為了專心備考，每天的重心都放在讀書上，把除睡覺以外的時間都填滿了進度，不留給自己任何喘息的空間。

沒錯，把讀書計畫表的空格填滿、設定一天讀十二小時以上的書，看起來很有成就感，但我們要考慮到國考是長期作戰，而人無完人，沒有人真的有那麼強的毅力，可以維持高強度的讀書方式長達一年。

通常在以「年」為單位的備考過程中，如果長時間維持高強度準備，精神和體力會因為過於緊繃而感到疲乏，逐漸懈怠，慢慢的，讀書計畫就不了了之。

所以在設計計畫的時候，別高估自己的能力，考量自身的需求，盡量勞逸均衡，適度給予緩衝的時間，並要安排自己有「補

救進度」的空間，是很重要的。

讀書計畫的「效率」，在於能否執行

很多人以為效率來自於難度，越是艱難的讀書計畫，越能彰顯自己的效率，這其實是錯誤的觀念。

讀書計畫的效率，來自於計畫能否執行和達成。

我自己備考的經驗，在幾次高強度計畫都連續失敗後，終於考慮到了自身的執行力，於是設定了一套較低強度的計畫表，沒想到自己居然持之以恆地輕鬆完成。

而比對前後兩套計畫表的執行結果，我才赫然發現，**低強度的計畫表竟然比高強度計畫表來得有效率**——因為我完成了。完成一個計畫，收穫是紮紮實實地把書讀進去，遠比無法完成的高強度計畫更來得有收穫和成就感。

請記住，只有少部分的人，才能夠做到心無旁鶩地一天讀書十二個小時。身為國考生，我們的目標不是與前幾名的資優生競爭，而是讓自己穿過國考的窄門。因此效法榜首或優秀者去設定一個自己無法達成的目標，到頭來只會讓自己因為屢屢放棄、沮喪而產生強烈的懷疑與挫折感。

所以在設定讀書計畫時，我們必須要計算「能夠達成、持之以恆、可以按表操課」的讀書量，給自己一個可以執行的計畫，按照計畫逐步推進，這才是設定讀書計畫表最重要的目的。

買一堆無用的書，不如讀通一本

在我備考的階段，經常看見許多考生為了求好心切，針對考科買了各種相關的書籍來研究。這本讀一點、那本讀一點，每本書都讀了一點，但沒有一本真正讀完。好像樣樣都有接觸，但樣樣都不精通。這樣的考生在考試時經常被考倒，總無奈地說：「好像有讀過的樣子，但記不清楚了。」把問題推給記憶力不佳，但是問題真的出在記憶力嗎？

讀各類型的書，乍聽起來很不錯，但卻也陷入了考生常見的迷思：沒有一樣專精。這是為什麼呢？

準備時間有限，沒有那麼多時間讀百家的書

如果考生準備的是初等考試，因為只有四科需要準備，或許可以靠記憶力決勝負。但如果考生選擇的是高普考或其他考試，需要準備六到八個科目，即使每科都只讀一本書，但光是想要通讀八科，已經相當困難，更何況這八門課的課本不只一本，參考書更多，很多人即使奮戰好幾年，臨到考試前也不一定能把每本的內容都讀通。

書只讀過一遍，無法精通

更何況讀一遍的書跟讀三遍的書、有複習過與沒複習的結果，在考試時是有顯著差異的！

就像讀一本小說，只有看過一遍的話，過沒幾天就會發現自己逐漸忘記故事情節，但如果能重複把書看過第二遍、第三遍，印象自然加深、內容也更深刻。準備國考也是同樣的道理，如果只把書看過一遍，理論與架構也許還無法理解得很清楚，但是重複整理第二遍就會有新的發現，知識也會進入腦海中紮根。

考生透過重複地複習，強化記憶，才足以應付考試。

國家考試的準備絕非蜻蜓點水，不能夠以「樣樣碰、樣樣鬆」的心態去備考。如果考生覺得對某些科目內容「好像有點印象，但記不清楚是什麼」，那麼在面對申論題這種需要精通內涵的題目時，就無法應付。

切記貪多嚼不爛的道理，不要過度相信自己的記憶力，準備國考最好採用**「一本書主義」，即每一科只選擇一本書來讀**。當你將這本書讀得滾瓜爛熟、倒背如流時，距離上榜的日子也就不遠了。

迷思 3　狂練考古題，卻忽略基礎打底

通常準備一些檢定考考試，只要拿出歷屆試題狂背答案就可以應付。那是因為這一類考試只會從歷屆試題中出題，如果考生記憶力夠好，用死記硬背的讀書方式應付一般考試或許問題不大，但國考的性質與這些檢定考不同，不能一概而語。

有一些重考生們認為，自己已經反覆讀了許多年，把書本都讀爛了，之所以還考不上的原因主要在於題目練習不足。所以他們會以解題庫為重心，把整年的備考時間都花在解題上。

不可否認，重考生落榜的原因，確實有可能是解題不夠熟練的緣故，但絕不是主因，更重要的原因是考生對考科的內容掌握度不足。只要基礎夠紮實，再困難的變化題都能解得開，因為即使是複雜的變化題，也是從基礎中延伸出來的。

準備國家考試最好的方式是在打好基礎後，再向外延伸做試題。無論是純讀課本去應考還是純寫題目去應考，都太過偏廢。但這不是說考生不應該練習考題，事實上，到了備考的後期，做題目是非常重要的。因為審題有助於了解考點和趨勢為何，而且透過練習題目，可以達到部分複習的功效。

由此我們可以看出練習題目並非不好，而是要適時搭配。但考生們該如何拿捏分寸，在讀書的同時配合題目練習呢？

我在國考生涯中，參考高中的教學方式，採取「單元解題」模式讀書，意即每複習完一到三個單元的內容，或是上完一整個單元的課程後，便以單元為考試範圍，找出題庫來練習。

　　把做題目當成是讀書和上課後的複習，藉此加深記憶，將課本中的內容深刻記憶在腦海中，並且參考國、高中學生的段考頻率，定期安排模擬考，進行大範圍的練習，最後再根據複習進度，將考試範圍逐漸擴大到與國家考試一致的程度。

　　即使是重考幾年的考生，也不建議採用單純狂練考古題的方式備考。畢竟無論是初學者或者是重考生，**課本搭配題目才是不變的備考王道**。

小叮嚀：

☞「打基礎」與「練習題目」是所有考生都必須進行的考前準備。以考試前三個月為分界點，之前九個月偏重基礎打底，以解題為輔，主要是加深印象；考前三個月的衝刺期，以解題為主，並加強重點複習，此時的解題就是鍛鍊答題的能力。

☞ 讀書與解題的時間安排，可詳列在讀書計畫表中，確實執行。

☞ 重考生最容易因為多年準備，認為已經累積足夠基礎，然而之所以重考，原因主要還是在於基礎不足。要正視事實，才能彌補缺失。

迷思 4　禁用網路和手機不如善用科技

　　很多上榜者在分享心得時，總強調要戒絕網路、手機，專心備考。我準備國考的階段，也時常看到補習班裡一群同學無時無刻都忙著滑手機，有時只是想看一封訊息，但一用起手機來就忘記時間、忘了讀書，甚至忘了該做什麼事情，這種情況屢見不鮮。很多考生意志不堅，經常分心在網路或手機上。對於意志力薄弱的人來說，智慧型手機的危害性極高，因此乾脆禁用智慧型手機、斷掉網路，以避免沉溺其中。

　　但網路和智慧型手機只會造成負面的效果嗎？

　　在沒有老師可以詢問的狀況下，智慧型手機和網路的結合，可說是相當實用的工具。更何況現階段的智慧型手機中有許多附加的功能或程式，無論在時間控管、讀書計畫的實行或訊息取得等方面都相當實用，如果將手機棄之不用，無疑是自斷臂膀的行為。所以真正的問題不在於戒網路、戒手機，而是如何使用，和控制自己節制、不沉迷。

　　該怎麼控制自己有效智慧型手機和網路，使之成為考取公職的利器呢？根據我和其他考友的使用心得，可以試試以下的方法。

平時禁止打開網路，限制手機的網路流量

現在的智慧型手機都可以定流量，快要超標時會提醒考生注意。建議意志不堅的考生不要使用吃到飽的流量，避免一上網就控制不住。

作為純查資料使用，手機的流量需求度並不高，一個月有 1G 左右就足以支應需求。

將相關應用程式的提醒訊息關閉

很多人的手機都安裝通訊或相關軟體，一旦收到訊息時自動提示，但這也變成一種干擾。只要聽見手機發出清脆的「叮咚」聲，大家總是下意識地拿出手機檢查是哪個朋友傳來的訊息，但你來我往地回覆訊息，等回過神來時，才發現時間已晚，甚至大半天都耗在聊天中。因此建議將所有聊天程式的提醒功能通通關閉，降低智慧型手機對自己的干擾。

把常用考試參考網站收入書籤，避免查詢分心

想要避免被網路訊息干擾或分心，就要盡量把使用的方式簡單化。很多人利用網路查詢資料，但查著查著就分心被引導到其他的網站去，不知不覺在網路上逛了起來。為了避免分心，我們

可以先整理好瀏覽器書籤，拿掉其他會造成視覺分心的網站連結，把常用的國考讀書網站、考試資訊網站加入書籤中。當你要上網搜尋資料的時候，避開搜尋引擎，直接透過書籤進入網站，減少對其他訊息的接觸。

另外，讀書的時候盡量不要把手機擺放在桌面上、視線所及之處，也是避免分心的好方法。

只要打開手機網路，一律設定三十分鐘的鬧鐘

有個考友分享了他控制自己使用手機的方法：只要打開手機的網路，同時設定三十分鐘的鬧鐘，鬧鈴一響就停止使用。利用鬧鐘定時提醒自己，確實是一個不錯的自制方法。

高科技產品確實給人們帶來很大的便利性，但也對意志不堅的考生們造成莫大的影響。在使用手機的時候，我們要懂得克制，但不能因為它可能造成分心，就完全排拒智慧型手機所帶來的便利性。手機還有許多功能，譬如許多時間利用、規畫的 App 軟體，能夠協助考生控管時間、倒數、提醒，都是非常實用的功能。

懂得如何駕馭科技產品，增加它對備考的幫助，減少它對讀書和專心的干擾，對考生來說非常重要。

迷思 5　國考是個人戰，缺乏與他人交流

　　我時常聽到有考生說：「來補習（考試）並不是為了交朋友，我不在乎其他人幹什麼，只要專心讀自己的書就好了！」

　　如果你也抱持這種獨善其身的觀念，認為國考是一場孤軍奮戰的個人旅程，越是孤獨，越能保持專注，只要靠著自己的毅力和堅持走到底，必定能有美好的收穫，那可就大錯特錯了！

　　在我準備考試的時候，曾經從其他上榜者身上取得許多寶貴的備考經驗和資訊。而那個考友告訴我，他和幾個人組成了考生讀書會，成員不多，約有八人，每個禮拜固定開會一次，彼此討論讀書時的問題。

　　這個讀書會的成員在一〇四年的高普考中，八人裡有七位考生上榜！這個錄取率放在任何地方，都是驚人的。

　　我自己的經驗也是如此，不管是請教別人，或者被其他人詢問的時候，經常會發現「原來還有這種角度的思考方式啊」，或是生出「對耶，這種問題我從來都沒有想過」的想法。即使是自己已經很熟練、很懂的內容或解題方式，但在聽過別人的講解或解答旁人的問題時，也可能會萌生出不同的想法出來，可說是一石二鳥的激盪！

　　建議考生多利用讀書會或小組討論的方式，與其他人在課題

上切磋。但為了避免聊天或者重心偏移，導致讀書會或討論不了了之，建議在聚會前要明確規定兩件事：

確定討論主題

在事前確定聚會主題，能讓大家更知道要討論什麼和要準備什麼來討論。

通常讀書會的主題以探討歷屆試題中的申論題為主。與會者共同試寫，並討論要如何解題與審題，研究申論題的作答方式，剩下的時間大家則是各自分散開來，討論自修時所遭遇的問題。有主題的進行討論，可使聚會更有效率。

規範聚會流程

為了避免討論時間的拖延或重心偏移，在開會前應該設定好明確的流程，讓每個參與者可以專注在會議之中，完成讀書會的主題和目標。

我們參加讀書會主要的目的是為了集眾人之力，學習更多的知識、增加自身的實力，達成互補的功效，但如果因為分心而浪費時間，就得不償失了。

迷思 6　閉門苦讀，卻處於高誘惑環境

　　很多考生偏好在家裡讀書，認為在環境單純、熟悉的地方讀書，可以達到最高效率。但對於自制力較弱且缺乏督促力的考生來說，熟悉的地方反而有可能是怠惰的溫床。

　　在家讀書的誘惑遠比想像中還要多。我經常聽到考生抱怨在家讀書效率不彰，如果自制力不夠，十有八九會不由自主地賴床睡到自然醒，再加上東摸西摸，恍恍惚惚地一個早上就混了過去。而讀書的時候，因為電腦就在觸手可及之處，偶爾一抬起頭就看到螢幕的光亮，或是想上網找個資料，卻被其他的訊息所引誘，不知不覺地浪費一個下午……就這樣，時光飛逝，整個白天都荒廢度過，到了晚上後悔莫及，想著「明天一定要好好振作」，或想要趁著晚上補趕讀書進度，結果過度熬夜，反而造成第二天又賴床起不來的惡性循環。

　　考生經常犯的錯誤是把自己想得很完美，不管是在讀書計畫的安排、讀書的方式或環境的選擇上，總覺得自己能夠不為外物所引誘。然而人是有惰性和缺陷的，除非是極度自律的考生，不然長期讀書，難免降低效率。如果再讓自己處於放鬆、熟悉的環境，往往會喪失警惕心和警覺性。

　　如果你發現在家讀書效率不彰，最好的方式是離開家，去圖

書館或者補習班的自習教室讀書。

　　設定好出門的時間，會讓自己有一種「必須起身行動」的感覺，出門離家就像是一種儀式，宣告將展開一天的計畫，賦予自己執行任務的動力。

　　而且在外頭圖書館或補習班的自習室中讀書，環境會產生一種緊繃的氛圍，你會發現不只有自己在努力，還有其他考生也在奮戰，這會形成一種無形的督促，促使自己想要迎頭趕上。

　　當然，不管怎樣周全的安排，人都難免會有想放鬆、想偷懶的時候，但別忘了我們的計畫和安排，都是為了減少想偷懶放鬆的劣根性所設計，以求高效率地學習，達成讀書計畫，確實地把時間用在備考上。

小叮嚀：

☞有人適合在家中讀書，但有人卻適合離家讀書，這中間的問題並不在「家」，而是在於要選擇一個適合考生的「低誘惑的環境」。如果你在家中讀書反而能夠專心、克制，每天有穩定進度，那麼就應該以家為主要讀書的場所。

☞兼職考生因為半工半讀，所以讀書時間有限，很難選擇地點。如果非得在家讀書不可，一定要給自己足夠的壓力，督促自己完成進度，讀書的環境盡量整理得單純一些，避免受不了誘惑而分心。

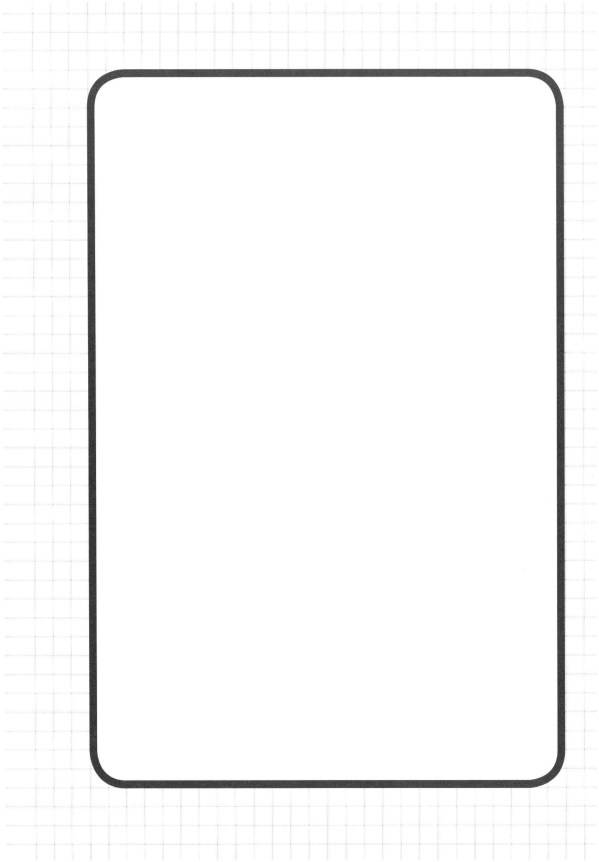

強化戰力——量身定作 「高效讀書計畫表」

● 評估自己的弱勢與強勢科目、優點與缺點，不要過分高估自己的意志力與專注力。

● 將生活作息調整到與准考證上的考試時間一致。

● 以「逆向時間」方式，倒推考前的各個階段，規畫出短、中、長程的目標。

● 讀書計畫表以「週」為單位，掌握「在瑣碎時間做瑣碎事情」的時間利用法則。

● 讀書計畫表不僅列出學習進度，更要規畫複習與安排考試，以兩個月為單位，反覆複習專業科目的內容。

● 高普考前三個月，可透過地方特考、去年高普考與關務特考、稅務特考的考題，對出題走向進行分析。

● 考前最後衝刺期，切割一日為早中晚三個區塊，掌握一難一易兩科交叉複習的節奏，提升學習爆發力。

設定計畫前的自我評估

　　準備國考是一場長期作戰，擁有一份好的讀書計畫是帶領考生走向勝利的的明燈。

　　許多考生都知道讀書計畫的重要性，也廣納各方建議來設定自己的讀書計畫表，但有人能夠成功執行計畫，有人卻屢屢半途而廢，造成這極端差異的原因在哪裡？是缺乏意志力嗎？是設定進度不夠，讀書量不足呢？還是現實跟不上計畫？這些都值得我們深入探討。

　　你給自己做過計畫嗎？你是如何做計畫的？

　　許多考生經常在外力的激勵或鼓舞下，湧起了替自己設定讀書計畫的熱情，於是興沖沖地拿出白紙開始畫格子，以為只要把時間的空格全部填滿，就完成了讀書計畫。如果你也採用這種方式做計畫，那麼失敗的機率一定很高，因為靠著一腔熱血所設定的計畫，疏忽了對個人能力的考量和需求，從而導致失敗。

　　前面也曾說過，部分考生的計畫是直接挪用前人的成功經驗而來，例如複製榜首或其他上榜者的讀書計畫表。以為只要能夠延用旁人的成功經驗，自己也能得到相同的實力。但這些人卻未曾想過，自己真的能夠執行得了榜首或其他人的讀書計畫嗎？每個人都有不同的狀況和需求，別人的讀書計畫是因應他的需要和

特性而設計，未必適合自己使用。

　　因為讀書計畫表必須符合自己的需要，所以在設定計畫之前，必須先進行一些「量身定作」的前置作業。我們要先檢視自己的心態、評估個人的能力，不要過於高估自己的優點，也不要過於低估自身的實力，最後再根據檢視的結果，客觀地評價，安排一套屬於自己獨一無二的讀書計畫。

第一步：建立正確的讀書心態── 我要一考中第！

　　整個計畫的第一步即是建立正確的讀書心態，但這一點經常被考生輕忽。國家考試並非一蹴可及，如果抱著半桶水的心態來應考，保證考兩年落榜兩年，考五年落榜五年，就是這種「只是試試看」的心態，才令某些人永遠無法進入狀況。

　　一開始就抱著漫不經心的態度去讀書，根本不可能打穩基礎，只是浪費時間而已。要考試就要紮紮實實地讀書，別抱著僥倖的心情。國考是很現實的考試，它只用成績說話，考不好就什麼都沒有。

　　很多上榜生在分享心得時，總說「抱定一年就要考上」的信念，還有許多考生連續考了好幾年，但考上的那一年，通常都會告訴自己「今年一定要上」、「不然就要放棄」，這也就是說，

抱著破釜沉舟的決心去面對考試，會激發出人們強大的潛力。所以在製作計畫的時候，不急著拿出紙筆畫格子，或計算每天要多少書，而是整頓好應考的心情，抱著「要考就要一舉中第」的信念準備考試，才有錄取的可能。

第二步：評估強勢與弱勢科目，扳回劣勢掌握全局！

每個人都有自己的優缺點，有人擅長分析，有人擅長記憶，表現在學習上，自然有弱勢和強勢科目的差別。那麼我們如何判斷自身的強勢科目及弱勢科目呢？

對於第一年考生來說，可以依照自身消化課程的快慢去判定科目實力的強弱，像是需要花很多時間才能讀懂的科目，就是弱科。對於重考生而言，最直接方式是從考試成績來判定，弱科成績低，強科成績高。

當你判斷了自己的強勢與弱勢科目後，請使用「SWOT 分析法」，誠實地進行自我分析，找出個人備考時的優勢與弱勢、機會和缺點。所謂 SWOT，又叫作「強弱危機分析」，意思是透過自身的優勢（Strengths）、劣勢（Weaknesses）、執行上的機會（Opportunities）和威脅（Threats），去衡量個人面對任務、難題或挑戰時所具備的潛力和條件，並探討導致誤差或失敗的原因。

表3-1：SWOT 分析法

S（優勢）	W（弱勢）
寫出面對這場考試時，你所具備的優勢之處。	寫出面對這場考試時，你自身最弱的缺點。
O（機會）	T（威脅）
寫出面對這場考試時，你能夠利用的方法、對策和針對現實狀況所採取的應對之道。	寫出你在性格、行事、態度上的缺點，和這些缺點會對準備考試帶來的威脅。

　　每個考生都應該在下定決心進入考試前，或是製作時間表時為自己做全盤分析。以下是我按照 SWOT 分析法，在準備國考前做的分析。

表3-2：SWOT 分析法實作範例

S（優勢）	W（弱勢）
1. 高職修過初級會計學、經濟學概論。 2. 學習經濟學基礎的財政學、租稅各論有優勢。	1. 法科知識（法學、民法、稅法、租稅各論）薄弱。 2. 英文只有初級英檢的程度。
O（機會）	T（威脅）
1. 全職考生的讀書時間較多。 2. 參加補習，可以向老師問問題。 3. 補習班提供模擬考試。 4. 參加讀書會。	1. 網路成癮，手機不離身，滑手機會滑一整天。 2. 待在家就不會讀書。 3. 愛聊天，荒廢正事。 4. 週末喜歡出門逛街。

SWOT 分析是做給自己看的，所以不需要美化或掩飾事實，也不需要過度誇大或強調自己的缺點。客觀公正看待自身的優點和缺點，在這一個階段是非常重要的。

做好 SWOT 分析後，事情還沒有結束。接下來我們還要針對上述的 SWOT 分析結果，去思考四個問題：

問題一、我要如何善用優勢？

我們要更深入地探討，在備考過程中，如何能讓自己所擁有的優勢影響全局。

以我個人為例，我所具備的優勢在於曾學過某些考科的內容，因此具有一定的基礎。這也就是說，我不必在優勢科目上花太多時間，可以把更多時間分配給沒有基礎的弱勢科目做準備。

以此為前提，在做讀書計畫時，我將減少會計學及經濟學的準備時間，把讀書時間分配給自己很不擅長的法科。

問題二：我要如何扳回劣勢？

扳回劣勢的同意詞就是「搶救弱勢科目」。到底我們要怎麼做，才能追上其他人的程度呢？在設定讀書計畫時，增加劣勢科目的讀書時間，是一個最明確的方法。

既然是弱勢科目，對考生而言準備起來自然較困難，必須要

投入更多時間，鉅細靡遺地學習，並了解弱勢科目的內容反覆複習、加強記憶。

盡量從基礎開始重新學習起。弱勢科目等同於基礎不好的科目，如果將該科基礎打好，即使課程難度提升，你也不會覺得讀起來太吃力。

只要把弱勢科目分數拉高，平均分數自然會提高。以我個人的備考經驗為例，盡早將不擅長的法科填入讀書計畫表、購買一本大學程度的字典或單字書來背誦，加強基礎，並在時間表中多留一點時間給英文與法科，補強自身不足，就能慢慢拉起弱勢科目。

問題三：我要如何落實每一個機會？

機會是留給有準備的人。考生要思考如何落實紙上的計畫，成為自身實際的優勢。

以我為例，增加讀書時間、向老師詢問問題、參加補習班模擬考和組成讀書會等等，就是實現計畫的方式，因此我提醒自己不能虛度每一個應該讀書的時間，有問題就要趕緊發問、盡快解決，認真面對每一次考試，並在讀書會上傾聽其他人的意見和想法，也誠懇坦率地發表自己的意見。

問題四：我要如何抵禦每一個威脅？

每一個威脅都會影響考生的讀書效率，如何抵禦及降低威脅，是考生必須要思考的問題。一個自制力不強的考生，必須優先思考如何降低生活中的誘惑和避免被誘惑所誘。

如果因為外在誘惑太多，導致讀書效率不佳，就要思考怎麼避開誘惑；如果是體力不佳，就不應該在晚上讀書。

或許你會覺得自己雖然容易分心，但分心的時間不長，影響不大，可是對於考生來說，千萬不要小看這些零散的時間，零零碎碎的時間累積起來，也是相當可觀的。

第三步：評估生活作息

每個人的生活作息都不一樣，有人早起精力充沛、精神奕奕，但有的人天生是夜貓子，晚上讀書事半功倍。這無可厚非，然而面對國考，我們必須要做適當的調整。

建議考生**將生活作息調整得與國考考試時間一致**。通常國家考試的安排都是早上 8:30 開放考場，9:00 開始考試。因此最好的生活作息，是在 7:30 至 8:00 之間起床，並在 8:30 至 9:00 之間，讓身體與精神完全清醒，進入最佳狀態，才能有精神地去面對考試。

在此前提之下，讀書計畫表的設定也必須配合考試時間安排

科目。

　　即使是到了最後三個月或是三週、三天的階段，也不要輕易變動自己的時間安排。無論如何每天至少要睡七個小時，睡眠時間才算充足。越到考前，越忌諱熬夜或突然改動時間安排做大變動、大調整。將作息調整得與考試時間同步，並養成習慣，才能夠適應國考的節奏。

第四步：設定短中長程的計畫目標

　　在規畫讀書計畫之前，必須先設立讀書目標。

　　很多考生覺得，讀書計畫是不可變動的，或必須設定一個難度較高的目標，即使不能達成，也促使自己朝著目標方向走去，越靠近越好。

　　其實正好相反，讀書計畫目標應該具有「可變動」和「能夠確實達成」的特性。考生可以配合不同階段，給自己制定不同的計畫目標。

　　建議以「逆向時間」來規畫自己的短、中、長程目標。所謂逆向時間，就是從考試日起倒算，安排計畫表的時程。

　　以我個人備考的經驗為例。我是全職考生，又有補習輔助，當目標放在第二年七月初的高普考時，就從考試日當天往回規畫整體進度。

表3-3：國考長中短程計畫目標範例

長程目標：考前複習全科目兩遍		
階段	時間	中程目標
倒數七日	考前七天	1. 整理新修法資訊。 2. 全科目重點筆記複習一遍。 3. 複習公文格式、背誦英文單字與法條。 4. 調整生活作息。
黃金記憶期	第二年六月 第二年五月	1. 全科目複習一遍。 2. 蒐集各科目修法資訊（本階段蒐集的修法資訊最新最完整）。
複習循環期	第二年四月 第二年三月 （與前期時間重疊）	1. 複習全科目一遍。 2. 參加至少兩次以上補習班的模擬考並加以檢討。 3. 調整心態，為進入衝刺階段（四月到六月）做準備。 4. 四月開始大動作調整讀書計畫表，進入衝刺階段。
紮實打底期	第二年三月 第二年二月 第二年一月 第一年十二月 第一年十一月 第一年十月 第一年九月 第一年八月 第一年七月	1. 跟隨補習班的課程上課，不可落後進度。 2. 課後立即將補習班的課程複習完畢。 3. 在第二年一月提早開始準備複習循環期與黃金記憶期所要達成的全科目 4. 複習進度，避免因懶惰和進度落後導致未能完成目標 5. 第二年二、三月參加至少一次補習班模擬考並加以檢討。 6. 盡量尋找參加讀書會的機會（不強迫）。
短目標：完成每週計畫表的進度		

紮實打底期：第一年七月到第二年三月

　　為什麼要設定那麼長的打底時期呢？一方面是為了調整自己的心態以及作息，適應國考的生活，另一方面，通常坊間補習班的課程大多到第二年的三、四月結束，對考生來說，至此才完成全部考科的學習。

　　為了奠定我們的基礎，此階段讀書目標是完整、詳細研讀完所有考科內容。

　　本階段要執行的內容重點如下：

　　一、跟隨補習班的課程進度：如果你是參加補習班的考生，務必要確實跟隨補習班的上課進度。這也是本階段中最困難的任務。補習班課程緊湊，稍有落後就很難追上，所以必須嚴格要求自己每堂課都要準時去上課，上課時專注聽講。

　　二、製作完整的複習筆記：除了上課之外，課後的複習以及筆記整理也是不可或缺的。整理複習筆記將會讓你更能掌握課程內容、科目重點，是幫助你上榜的重要利器。

　　三、選購練習用題庫書：並非每套教材或課本都會附上題目讓考生練習，配合課後的複習，要準備一套恰當合用的題庫書。建議尋找附有較多詳解的題庫書，尤其是對於民法這些法科課程，更需要專業的法科詳解。若題庫書只有單純解答，考生可能看不出自己的問題出在哪裡。

除此之外，考生還要注意下述事項：

一、多聽上榜者的經驗談：很多補習班都會舉辦上榜考生的經驗分享會，在這個階段可以多聽聽成功者的經驗，但並非全部照單全收，而是要分析他們分享的方法是否真的適合自己。我看過很多上榜者的讀書計畫表，但並不適合自己使用。不過前輩經常會傳授一些不錯的小祕訣，像是在透明墊板上面畫格線，以令撰寫作文的時候文字排列更工整……至於什麼技巧可以執行、什麼不適合，就需要考生自行斟酌判斷。

二、參加小組讀書會：參加讀書會與否，可以視自身的情況做決定。有的考生光顧著讀書趕進度與複習就耗了相當多時間，沒有空參加讀書會，那也無妨。通常補習班也會組讀書會，好處是有人帶著跑流程，不過通常都限制必須是重考生才能參加，但如果自行組會，就可以不限參加資格，但經常因為安排鬆散，容易流會。

三、參加其他國家考試：每年九月地方特考開放報名，建議考生可以參加地方特考，提前體驗國家考試的流程以及臨場感。對重考生來說，這也是考上公職的最佳的機會。到了十月初等考試開放報名，對於高普考考生而言，雖然不是目標，但如果想要練習作答純測驗題也可以參加。一月是關務特考報名，欲參加的考生要注意，關務特考比其他考試要多準備兩個科目。

四、蒐集各種考試的補習班講義：如前述所言，財稅行政類

組有多種考試可以參加，在考場上經常可見補習班發放的考試講義。通常在共同科目這部分的考試重點上，補習班講義「中獎率」滿高的，因此無論是哪個補習班的講義，都可以蒐集起來。

循環複習期：第二年的三、四月

第二年三月因為是新進度（目標全科目複習一遍）的開始，與補習班課程告一個段落的重要銜接階段，所以也列入循環複習時期。

進入這個階段最重要的任務是：**以兩個月為一期，進行讀書（複習）循環。**

利用這兩個月的時間，將之前學過的專業科目中較難的部分再複習一遍，不懂的問題要趕快詢問，盡可能徹底弄明白。

本階段要執行的內容重點如下：

一、安排新的讀書計畫：考期將近，必須在兩個月內將八科全部讀過一遍，尤其是到了四月時，因為距離考試只有三個月，必須展開全力衝刺，所以讀書計畫的設定將與紮實打底期截然不同。不但內容安排會密集許多，讀書的時間和量也會大增，想要徹底執行計畫需要相當的毅力，因此這個時期也是考驗考生的重要時刻。

二、準備模擬考測驗：結束補習班的課程後，考生對全部考科都有了一定的概念及基礎，為檢驗自身實力，必須定期安排模

擬考試。

　　除此之外，還要注意下述事項：

　　一、徹底運用補習班提供的資源：不管是否有補習，坊間的許多補習班資源都可以善加利用。例如補習班不但提供模擬考測驗，而且有補習的學生，還可以利用線上國考測驗題自行考試，並運用定期提供的申論題批改服務強化申論題戰力。即使是自修考生，也可以利用補習班所提供的歷屆試題詳解自行安排考試。

　　二、注意國考報名時間：每年三、四月是高普考開放報名的時期，如果忘記報名就等於浪費一年的時間。忙著讀書忘記報名的例子每年都有聽聞，請務必留意，早早在時間表或時程表中標示日期留意，提醒自己避免忘記。

　　三、調整自身備考心態：本階段是個比較模糊的時期，有種「好像還有點時間但又不是很多」的感覺。這個時候請務必把心態調整出「考試將近，我必須做出改變」的覺悟，因為接下來的時間相當關鍵，如果沒有整頓好心態，很容易在最後階段怠惰。

黃金記憶期：第二年的五、六月

　　最後兩個月離考試最近，是短期記憶的好時機。因為感受到適度的壓力，所以這段時間是大腦記憶力最佳也最清楚的階段，建議全科目挑重點來複習即可。對於已經有一定基礎的考生來說，快速複習可以加深之前所學的印象，並且輔以大量的題目練

習，與課本互相搭配。建議找考友一起探討申論題的寫法，對彼此都有助益。

本階段要執行的重點有：

一、規畫考前衝刺計畫：此階段的讀書進度和目標，跟先前打底期或循環複習期的計畫表完全不同，必須規畫大量的時間複習或解題。長時間與書為伍，極度考驗考生的意志力。

二、再濃縮重點筆記：針對複習筆記再次濃縮，整理出在考場快速複習使用的精華筆記。

三、複習共同科目：共同科目中有很多需要記憶的內容，例如法學大意或憲法等等。在這個階段反覆記憶將可以得到最大的效用，也可重拾已經許久未碰過的作文、大法官釋字和特別法等內容。

四、分析國考考題：利用近幾年的試題來分析考題，準確度最高。

五、參加修法講座：務必參加民法、稅法或其他法科的修法講座，修法是熱門的考題！

除此之外，一定要安排適當的考前減壓活動，別把自己的心理或生理壓得死死的，對健康和考試都很不利。建議平時利用一些瑣碎的時間，看看窗外或者是走路散步、運動，不要讓高強度的學習造成身體太大的負擔，以健全的心態及充滿元氣的身體去應考才是最好的。

倒數七日：考前七天

到了考前最後一週，考生要做好以下幾件事：

一、將新修法的資訊整理一遍。

二、按照重點筆記，將全部考科快速複習一遍。

三、加強公文格式的記憶，因為平時沒有太多時間去準備它，這個階段要專注學習。

四、拿出平時蒐集的考場講義，看補習班整理的英文單字及法條。

五、在作息上，盡量保持與考試時間一致的生活，以免造成生理機能失常。

兼職考生的讀書計畫目標

如果是半工半讀的兼職考生，因為讀書時間不多，不管有無補習或者是單純自修備考，花費的時間都會拉長。很多兼職考生在準備考試時，與一般考生以「一年」為單位的設計不同，通常要花費兩年以上的時間，甚至有人要花費三至五年左右的時間讀書，才能達到完整的準備。

在此針對兼職的考生，以常見的五年為期，設定可以使用的長、中、短目標計畫，作為參考。

表3-4：兼職考生的國考長中短計畫目標範例

長程目標：考前至少複習全科目兩遍		
階段	時間	中程目標
黃金備考期	第五年	1. 複習全科目兩遍（分為上半年及下半年）。 2. （每年五、六月）蒐集各科目修法資訊。 3. 至少安排兩遍以上模擬考並加以檢討。
	第四年	1. 全科目複習一遍。 2. （每年五、六月）蒐集各科目修法資訊。 3. 至少安排兩遍以上模擬考並加以檢討。
循環複習期	第三年	1. 複習全科目一遍。 2. 盡量尋找參加讀書會的機會。
紮實打底期	第二年	1. （補習班生）跟隨補習班的課程上課，且不可落下進度。 2. （自修生）將全科目自學自修過一遍。 3. 課後或學習後立即將內容複習完畢。
	第一年	
短目標：完成每週計畫表的進度		

紮實打底期：第一年至第二年

前兩年備考的重點是做基礎打底的學習。

兼職考生一天可以運用的時間有限，光是為了上完一輪的科目課程就要投入不少時間，更需要強大的持續力。這期間可以多參加考取者的經驗分享講座、蒐集補習班講義，多聽多看多學，為自身的基礎打底。

循環複習期：第三年

將基礎打好後，主要心力放在完整複習以及整理筆記上。

黃金備考期：第四、五年

第四年與第五年要做的事情幾乎都是重複又重複，但到了第五年，建議放下一切包袱，全力備考，做最後的衝刺。

但對於意志力不佳的考生來說，備考時間越長，越磨耗考上的渴望，有可能到最後漸漸喪失動力。因此如果長期規畫，那麼要如何做好心裡建設，一直保持高昂的鬥志和毅力，將是備考過程中最重要的事。

小叮嚀：

☞ 在進行計畫前對自己的能力和狀況進行審慎的評估，是希望能讓計畫更合乎自我的需求，也更容易「被實踐」。

☞ 長中短程計畫目標，一旦制訂下來就不改變；但每週的讀書計畫則可以視情況調整內容進度。

☞ 即使沒有報名補習班，但別忽視補習班或相關考試網站所提供的周邊服務和免費資源，善加利用，增加勝算。

☞ 兼職考生的「考期」漫長，更要強化心理素質、不斷給自己打氣信心，才有毅力能夠撐到最後。

有堅定的自信才能超常發揮

　　許多考生在考前一、兩個月時，會因為壓力和不安而驚慌抱怨：
「沒能把書徹底讀完三遍，該怎麼辦？」

　　但聽多了就會發現，其實多數考生都沒有辦法完整地把書讀完三
遍。不過如果你因此而放棄考試，那就太傻了！

　　別擔心，沒有一個考生敢說自己把所有的書都讀完了。

　　雖然計畫表上安排了至少要讀幾遍，但到了考前幾個月的作戰計
畫，已經不在於要把書「徹底」讀過，而要「挑重點」來念，勤加複
習課本與練習題目。

　　請抱著破釜沉舟的心進入考場，而不是抱著半途而廢的心態去考
試。別讓驚慌自亂陣腳。

　　用「會考上」的自信心去面對，往往是考場上超常發揮的關鍵！

短期讀書計畫設定法則

　　我曾經非常熱衷於製作計畫表，多次仿效或參考其他人的設計，也不斷調整計畫表的週期。一開始我和眾多考生一樣，以「年」為單位安排讀書計畫，但很快就發現週期太長，只要中間有一點失誤就前功盡棄、徹底失敗。

　　接著我調整週期，也做過以季和月為單位的讀書計畫。幾經嘗試後，逐漸摸索出安排讀書計畫表的三個要點：

　　一、讀書進度寧少不多：設定無法達成的讀書計畫，只會徒增困擾。

　　二、踏實計畫，避免想像，以「週」為周期單位：讀書計畫表安排的跨距時間不可以過長，因為跨距越長，變數越大。以年或季為單位的計畫，缺乏實際數據，我們無法確切保證三個月後自己的讀書進度如何，經常在想像中築城，反而容易誤估進度和狀態。

　　三、預留空白時段：是人都有惰性，難免都會有疲憊、分心的時候，如果把讀書計畫填得太滿，預估過長的讀書時間，反而容易失敗。因此在安排讀書計畫時，請合理考量自己的讀書狀況和專注度，安排恰當的時間讀書。另外還要設定一些空白時段，讓自己衡量情況，適時補救未達成的課業進度。

圖3-5　一週讀書計畫範例

一週讀書計畫							
日期	清醒階段 8:30-9:00	第一時段 9:00-12:00	第一時段 進度狀態	第二時段 14:00-17:00	第二時段 進度狀態	第三時段 19:00-21:00	第三時段 進度狀態
2/2 (一)	英文(10單字) 民法(第21~30) 農法(總統章)	復習 會計 (第2,4章)	第4章 ⅓未完成	整理筆記 稅法 (所得稅本)	完成	空白 補上週: 會計第1章 本日 會計第4章	完成
2/3 (二)	英文(10單字) 民法(第31~40) 農法(立法院)	整理筆記 財政學 (第13章)	第13章 之題型 未整完	筆記整理 民法 (親權編: 婚約,結婚,離婚)	親權編 之結婚、 離婚 未完成	上課 稅法 (第20章)	完成
2/4 (三)	英文(10單字) 民法(41~50) 農法(行政院)	復習 會計 (第3,5章)	第5章 之未完成	課後復習 稅法	完成	空白 補: 財政學13章 民法之結婚	完成
2/5 (四)	英文(10單字) 民法(51~60)	復習 會計 (第6章之)	完成	筆記整理 民法 (親權編: 婚約,結婚,離婚)	親權編 之離婚,收養 未完成	空白 補: 民法親權編 之離婚	完成
2/6 (五)	英文(10單字) 民法(61~70)	復習 會計 (第6章之)	完成	筆記整理 稅法 (所得稅本)	稅法 之加強複習	空白 補: 稅法之加強 題	完成
2/7 (六)	英文(10單字) 民法(71~80)	上課 經濟學 (第24章)	完成	上課 經濟學 (第25章)	完成	空白 休息	完成
2/8 (日)	英文(10單字) 民法(81~90)	課後復習 經濟學	之復習 未完	課後復習 經濟學 (寫作業)	完成	空白 補: 經濟學之 復習	完成

未完成的進度:
民法:親權編:"收養"章節
會計:第5章之未完成

放入該做何事

空白時段可在「當日」補入安排的進度

填入未完成的進度

放入讀書或復習的科目

民法的條號

填入章節

多數考生求好心切，喜歡將計畫表填得密密麻麻，甚至連枝微末節都規畫得清清楚楚，以精確的小時做為分割，幾點起床、幾點上廁所、幾點吃飯、幾點休息、幾點聊天等等，進度安排得很密集。當然，如果真的能照表操課，一定很有收穫，但問題是這種計畫大部分的人都達不到。

到底讀書計畫表應該如何設定最好呢？

從圖 3-5 的讀書計畫表範例中可以看出，我將一日的時間切割成第一、第二和第三等三個時段。這是因為財稅行政類組的考科分為商科和學科，商科科目有會計學、經濟學、財政學；學科科目為民法、稅務法規、租稅各論。在安排科目進計畫表時候，最好的搭配是一個商科搭配一至兩個學科，一天讀三個科目。這樣商、法科目並重，且不會一整天一直死讀一科，造成彈性疲乏。

另外，在第一時段之前預留了半個小時「清醒階段」。它的功用有二：

一、補強個人的弱勢科目：我的弱勢科目在於英文與民法，所以在這個時段安排背誦英文單字及民法的法條，有時也會加入憲法的研讀。因為憲法是法學知識與英文科的考試範圍，也是對作文有加分作用的素材之一，同時背誦記憶不需要花費太多時間，可以併入。至於針對時間的安排，請把握一個原則：**在瑣碎的時間，做瑣碎的事情。**

二、達到清醒：利用這半小時，讓精神與頭腦達到充分清醒

的狀態，有助於提高第一時段的讀書效率。

在安排第一個時段的讀書科目時，我會建議先以商科的專業科目為重點。以心理層面來說，把最難的科目先解決，後面再接著較簡單的科目，可以加強讀書的意願，也會有「征服困難」的成就感；以生理層面來說，精神最佳的狀態較適合處理難度高或需要計算處理的商科，所以安排在第一時段學習才會有足夠的體力能應付。

在耗費腦力之後，讀較簡單的科目可以作為緩衝，而不是讀難度偏高的科目，讓自己感覺累上加累。因此本日的第二個時段建議安排專業科目中較簡單的法科或商科。畢竟早上已經投入三個小時去學習難度較高的科目，精神上難免疲憊，需要輕鬆點的科目作為調劑。

第二時段的安排偏向彈性，請考生斟酌自己的體力和狀況來安排。

讀書的安排因人而異。對於精力較足夠的考生，或是專注度需要經過第一時段暖身才能進入狀況的考生來說，說不定第二時段才是最佳狀態，那麼放入更高難度的科目也未嘗不可。

進行第三時段時已經是晚上的時間，除了補習班上課之外，考量到讀書計畫的執行狀況，建議留下一些空白時段給自己作為補救和加強的機會，機動性地插入科目研讀，讓你的讀書計畫表有適當的彈性。

對一般考生來說，如果能在第一、二階段達成兩科的進度，並且把該讀的內容完全吃透，這樣的進度已經相當足夠。所以建議在第三時段，利用空白時間針對早上的兩科加強複習，力求讓白天安排的兩個科目能夠確實達成今日預設的目標。

另外，我在每個時段讀書進度的旁邊，規畫了一格「進度狀態」。這裡是針對原設定的進度，填入實際完成的狀況，若是沒有完成，必須附註今日未達成的進度。

這設定主要是更了解自身讀書速度的快慢，也可以看出個人的程度和能力，更重要的是藉此明確掌握進度的完成度，以便於之後的查詢、規畫及補強之用。

另外，在這張一週計畫表的最下方，留下部分空間，記錄未達成的進度有哪些。在做下一週的讀書計畫表時，可以依照上週未達成的進度繼續安排。

不要以為一天讀兩科進度很少。每個人的讀書速度都不一樣，對大部分的人來說，設定太多的讀書進度如果沒有完成，不僅增加挫折感，還會造成反效果，對自信心產生嚴重打擊。很多時候考生都過於樂觀地高估了自己的效率和能力，好高騖遠地填滿了計畫，但執行起來卻一樣也沒有完成，還不如按部就班完成一定的進度！

找出讓自己「達成目標」的讀書方式才是最重要的。因為讀書計畫的重點不在於進度多還是少，而是在於你讀進了多少！

科學化、人性化的安排進度

讀書計畫的內容緊湊程度因人而異，也因時間而異。

高強度的讀書計畫表適合在考試前三個月進行，至於平常準備的時候，盡量依自己可能做到的讀書量往上「多加一點」。

為了讓自己早點習慣考試的時間安排，考生在擬定計畫表上的讀書時間時，盡量與國考考試時間一致，如果無法立刻做到這一點，至少要在考前三個月將時間調整過來。

在安排讀書計畫時，有幾項必須執行的準則和考慮要點：

上完課或自修後，務必要複習

不要高估自己的記憶力！光讀書，缺乏複習，你是絕對無法靠著記憶力撐到考場的。

讀書絕非埋頭苦讀，而是要科學化學習。通常人對於所學的記憶，只能停留在腦海裡兩個月，所以在設計讀書計畫表的時候，最好**以每兩個月為單位，反覆複習專業科目的內容**。

絕佳的複習時機，莫過於上完課或者是自修完成一個單元後立刻進行。趁著記憶最清晰的時間複習，才能強化記憶力。

很多考生都有一個問題，到底是趕進度重要還是複習重要？

尤其是兼職考生，因為採取半工半讀，只能利用晚上時間上課或自修，光顧著追進度都來不及，根本無暇複習。很多人到最後乾脆不複習，單純以衝進度為主。

但只衝進度，並不足以應付考試，經常到考前船過水無痕，早忘記上過什麼課程與內容了，這也是為什麼兼職考生最常發生的困擾，在於同一個題目一錯再錯。

沒有複習就記不住，正因為兼職考生的時間比全職考生更珍貴，所以更需要把每分每秒都花在刀口上，加強複習。

以一週計畫表來說，通常安排給共同科目的只會佔據少數時間，大多數的時程都會排給專業科目使用。如果你有參加補習，建議在上完課後的次日，依據前一日課程的性質，選擇在早上（商科）或者是下午（學科）針對該項科目進行課後複習。

如果是自修考生，在設定時間時，可以分別在早上安排商科的學習，晚上立刻進行複習。

每天專注讀書六小時

以全職考生來說，每科讀書時間約為三到四個小時不等，但由於每個人吸收的成效不同，所需的時間也不一樣。在實際安排前，可以先試著準備兩科，視學習情況作為安排依據。

通常全職考生邊上課邊複習，有上課的日子，第二天就安排

複習一科，如果沒有上課，當天應該要複習兩科。

全職考生每天的讀書時間至少要到達六小時。這裡所說的讀書時間，不包含吃飯、看手機、聊天或發呆，而是真正有效的讀書時間。

在合理而且不高估自己的能力或實力的狀況下，執行計畫表約一、兩個禮拜後，如果還無法達成進度，代表你念書的時間太少，要多利用晚上或零碎的時間彌補，以增進讀書量。你可以重新調整讀書計畫或評估自身的狀態，確認是否分心的時間太多？可利用的時間太少？自制力太弱？一直改進直到有效的讀書時間達到六小時為止。

如果讀書時間剛剛好六小時，可以這種強度的讀書方式執行約一個月左右的時間。倘若行有餘力，可以一天再多加入一個科目試看看。

通常如果一天先安排了兩科，第三科可能無法達到三、四個小時的有效讀書，所以第三科安排的進度不可以太多，最好是設定複習一小章節的課程內容、或者寫五十題選擇題並檢討答案等等。

以兼職考生來說，因為工作日可以讀書的時間很少，週一至週五能讀上一科就相當不錯。如果還要去補習班上課，時間會更加吃緊，因此建議採取一天上課一天複習的方式，交叉進行。週末可以安排比較多的讀書量，但週末的時段，一樣要保持一天六

個小時的「有效讀書時間」。

適度的減壓有助於讀書效率

　　一整天都坐在書桌前面讀書，不僅對眼睛有害，還容易造成反效果，形成讀書的倦怠感，因此需要尋找對自己最好的減壓方式。

　　以我為例，如果待在單純安靜的空間讀書，到了下午經常會有頭痛、腦脹的情況，但如果聆聽自己喜歡的音樂計算會計學或其他科目，頭痛的毛病便開始減緩，腦部也不會感覺脹痛。不過這樣的習慣因人而異，對大部分的考生來說，純安靜的環境才能夠讓專心讀書。

　　總之，每個人減壓的方式都不一樣，找出能夠讓自己繼續前進的減壓方式，才能夠讓你的讀書計畫更有效率。

排定考試，自我檢測

　　曾有考生問過我：「光讀書都來不及了，哪有安排時間給自己考試呢？」

　　如果你也有這樣的疑惑，那我一定要提醒你：純念書不考試，無法檢視出自己的弱點！

　　的確，以考高普考而言，如果每個月安排一次考試，並配合國考的方式，每次考試時間二至三天，那麼總計六個月下來就要花十二到十五天左右的時間在考試上。乍看安排考試的結果，只是白白浪費了半個月時間，但如果取消考試的話，考生無法檢測自身的實力，更不能坦承地面對自己的實力狀態、找出該考科的弱勢面，後果反而得不償失。

　　先前提過，考生常見的迷思之一，在於埋頭做歷屆考題或題庫卻忽視了打基礎。但在安排考試的時候，我反而建議考生們拿出高普考歷屆試題來進行檢測。如果有參加補習的考生，務必要參加補習班舉辦的考試來練筆。補習班有專業老師批改答案，考生可以針對老師的批註去做適當的修正，對自身實力大有助益！

　　如果單純自學、自修，沒有參加補習班課程的考生也不用擔心，以財稅行政類組來說，每家補習班網站上都提供了模擬考題目與答案詳解下載，我們可以好好利用這些網路上的免費資源。

另外補習班網站也有歷屆試題的題目及詳解，如果想利用歷屆試題進行自我考試，可以多加利用。

模擬考每科選擇題至少拿 40 分

考試的目的在於檢測自身實力、評估能夠取得的分數以及了解自己學習上的疏忽和弱點，因此考後的評估非常重要。

以選擇題來說，高普考上榜生通常每個科目的選擇題都能拿到 42 至 46 分，所以當你利用歷屆試題考試的時候，如果選擇題無法取得到 40 分，就要感覺危機，因為這代表你讀得不夠熟練和精深。根據考試的結果，盡量在後續讀書計畫中針對表現較差的科目做學習比重上的調整。

另外如果有讀書會或讀書小組的話，也可以利用團體討論的機會，和其他同類組的考生們一起檢討考題，看看別人是如何思考題目、書寫答案的。透過檢討考題，大家一起激盪思考，學習用不同的角度去解題！

考前三個月的重點衝刺法

在設計讀書計畫的最後，我要特別提出考前三個月的衝刺安排。

考前最後三個月，時間緊迫、壓力大，但也是學習效率最好、最有效的階段。但因為將近一年的努力，很多考生走到這一段，已經過度消耗、麻木、無力、無感，反而錯失了有可能起死回生的機會，非常可惜。所以在計畫安排上，請務必要為最後三個月「蓄力」。

在此提出我自己備考時的經驗，和從上榜者們經驗分享中發掘到的幾個重點，給考生們做為參考。

加強讀書時間

此時已經不是考量自己的能力，能讀多久讀多久的時候，而是「必須要讀這麼久」的關鍵時期。

重新安排讀書計畫，加強讀書的時間、內容與分量。前面九個月量力而為，最後三個月加倍辛苦點，付出都是值得的。

整理濃縮筆記

讀書一定要做筆記，前面九個月中無論你是上課或自修讀書時所整理的筆記，現在都應該拿出來做濃縮整理。**濃縮筆記的製作規格是：一個章節一張 A4 紙**。將考試重點或容易忘記、弱勢的部分摘錄出來即可，目的是在考前做快速複習、瀏覽之用。

練習解題，判斷考點

考前三個月是判斷考科出題熱區的最好階段，因為此時可分析且可靠可信的素材最多。以高普考來說，可使用的研判素材有三種：地方特考、去年高普考與關務特考的考試內容。而稅務特考因為每兩年考一次，如果近期有考試，也可以拿出來參考。透過分析上述考試試題，可以判定出近期出題的熱門區域。

距離考試將近，考生要加強對申論題的寫作格式掌握，這也是得分的關鍵。公文、作文、民法等等申論題的寫法，都有它們固定的模式和規律。此時練習這一類考題的寫法，加強印象、掌握度，考試前務必要將格式爛熟於心。

解決問題優先於讀書進度

考期將近，結束了學習或複習階段後，考生們開始發現各種

問題。但因為在這個階段考生都處於備戰狀態，無論想找老師或者找其他人討論都有難度，所以許多考生會把問題先擱置，或打算到最後再找人問。然而根據我備考的經驗，在此階段所產生的問題，往往都是命題的重點，所以只要一有問題就要盡快解決，絕對不可拖延。

貫徹兩個月為單位的讀書循環，加強考題訓練

不僅僅要保持以兩個月為單位的讀書（複習）循環，到了最後三個月，也是大量做考題的關鍵階段。先前曾說過，在打基礎的階段考生應該避免狂練題庫或考古題，但在最後三個月的衝刺期，務必要拿出題目出來大量練習。

重新排定讀書計畫表

前面曾提出在備考前六個月可執行的讀書計畫表，但到了考試前三個月，就要加時、加量的讀書。在這個前提下，我重新設定了強化版的讀書時間表。

表3-6：考前三個月讀書計畫表

時間／日期		星期一	星期二	星期三	星期四	星期五	星期六	星期日
早上	7:00-9:30							
	9:30-12:00							
下午	12:00-13:00	午休	午休	午休	午休	午休	午休	午休
	13:00-15:30							
	15:30-18:00							
夜間	18:00-19:00	晚休	晚休	晚休	晚休	晚休	晚休	晚休
	19:00-21:30							
	21:30-24:00							

　　參照表 3-6 的設定，可看出時間安排緊密，簡直就像是閉關一樣，一週七天幾乎全都在念書。這是因為考前的三個月乃是黃金記憶時期，在面臨考試的壓力下，因為緊張，專注度提高，記憶力和成效大幅提升，必須趁此機會強化學習。

　　之所以將一天時間切割成六個時段，每個時段掌握在兩個半小時進行，主要是因為：

　　一、透過多時段的安排，盡量將八科內容重複灌入腦海，加深印象。

　　二、單日整體讀書時間拉長，容易讓考生感覺疲累，每兩個半小時更換一科，可以彈性調整讀書的情緒，不會過於緊繃，並能做到反覆複習。

在此時要有一個概念，到了最後三個月，只要是有心考試的考生們都已經把所有科目至少讀過一遍，此時大家在競爭的並不是誰比誰記得多，而是誰比誰忘得少！

雖然我們把時間切割得比前面一日三時段的安排來得零碎，但大的設定方針仍然依循先前的計畫模式。在複習科目的安排上，六個時段總共切割成早上、下午、晚間三個區塊，每個區塊安排兩個科目，一個商科、一個法科，一難一易，互相搭配。

掌握這種難易節奏，在讀書的時候，你會覺得雖然計畫緊湊，但科目之間彼此有緩衝，較容易執行。

另外雖然專業科目非常重要，但我們一定要每天都安排一個時段給共同科目，不可以輕忽。通常晚間最後一個時段（21:30-24:00），可以排置共同科目，作為一日的最後總結較為恰當。

大多數的考生在最後階段總會專注於專業科目，捨棄共同科目，或是挪用時間，將該準備共同科目的時段，移給佔分比重較高的專業科目。但就如前述所說，共同科目經常是考生上榜與否的關鍵，且準備上不難，在一日的最後安排一科共同科目，不但精神上可以放鬆，也不會浪費時間，一舉數得。

到了最後關頭，考生經常會有「盡人事，聽天命」的心態，逐漸鬆弛挑戰與競爭的心態，這是很危險的。到了這個階段，反而更要強化自己「一舉中第」的決心，要有「犧牲三個月的享受在所不惜」的覺悟，自我約束。但這不是死讀書，遇到緊急的事

情也要做緊急的處理，有不懂的地方絕不能拖延。

我經常可以聽到許多錄取考生分享讀書心得時，談到最後關頭「沒日沒夜的苦讀」、「抱定破釜沉舟的決心」、「孤注一擲的態度」。前面的打底階段著重的是考生的毅力和持久力，最後三個月、最後七天，考驗的是考生的爆發力。

小叮嚀：

☞ 短期的讀書計畫最好以「週」為單位，可配合需求調整，更具彈性與靈活度。

☞ 「在瑣碎的時間，做瑣碎的事情」是考生在安排計畫時最重要的原則。像背單字、背法條、閱讀短篇文章等等，可以在早起清醒之際或通勤路程中進行。

☞ 執行讀書計畫的要訣是：今日事、今日畢。雖然在計畫中安排彈性時間可做調整，但最好還是能每天完成當日進度。

☞ 即使購買補習班的課程，也要規畫、掌握自己的讀書計畫，而不是單純只跟著補習班排定的上課時間表走。

☞ 共同科目經常是考生錄取與否的得分關鍵，無論是國文或英文，考的都是長期養成的語感和知識，因此即使到了最後三個月的衝刺期，也要將它們安排在計畫表中，不可放棄。

精實訓練──
建立「必考重點筆記」

● 筆記是去蕪存菁的重點摘錄與整理，對學習的內容作整合性的思考、篩選和重點的掌握。

● 筆記的原則：因為了解而寫筆記、上課寫關鍵字筆記，課後整理出完整筆記、寫筆記時要注意編號順序。

● 聽講為主，筆記為輔。

● 樹狀式筆記可強化記憶，條狀式筆記可做地毯式整理，兩種筆記法相輔相成。

● 課本中的每個章節小標題都是重要關鍵點。

● 上課錄音和影音教學雖然方便回放重聽，但過度仰仗反而容易浪費時間，影響進度。

● 注意教材或參考書的資訊是否有更新資訊，避免買到過期的舊書。

筆記做得好，考上沒煩惱

在我看來，決定考上與否的關鍵不在天賦或有沒有專業背景，而在於兩件事：成功執行讀書計畫和做好筆記。

如果讀書計畫是考生在備考時的引路明燈，那麼筆記就是考生的地圖，把地圖看熟自然能夠比其他競爭者取得更高的分數。

很多考生以為筆記只是記錄老師講課內容或板書的文字，還有一些自修考生認為寫筆記是單純抄課本內容，這樣的想法都不正確。

對國考生來說，「筆記」是作戰的武器，重要性與讀書計畫不相上下。

不管是靠著補習備考，或是自修自學備考，都需要一套自己專屬的筆記。

這一套筆記不是平時上課聽講的文字紀錄，而是去蕪存菁的重點摘錄與整理。透過筆記，考生對學習的內容做整合性的思考、篩選和重點的掌握。一個考生如果筆記做得好、整理得好，他對所學的內容理解和掌握度一定比其他人來得深入；反之，如果無法做好筆記，等於和上榜絕緣。

既然筆記如此重要，那麼準備國考，就應該以抄寫筆記為首要重點嗎？

當然不是，如果你是補習上課的考生，那麼**認真上課比認真筆記來得更重要**。

有些考生誤以為上課和抄筆記是同一件事，於是上課時一邊聽講，一邊忙著抄寫老師的板書，結果反而因為把注意力分散在抄寫上，沒有留意上課的內容，聽課的部分斷斷續續的，無法組成連貫的記憶，甚至漏失了一些關鍵的內容，等到下課一看，筆記雖然抄得很完整，但自己卻不了解到底在記什麼，對上課內容也毫無印象。

做筆記的目的，是為了輔助考生日後的複習，或者當遇到困惑的問題時，可以查詢筆記找出答案。所以在寫筆記的時候，你一定要**因為了解而寫筆記**，而不是傻傻抄一大堆看不懂內容的字句，到頭來自己根本不懂在抄什麼，反而浪費了時間。

以下我將針對幾種考生常見的上課、學習方式，介紹做筆記和整理筆記的訣竅。

小叮嚀：

☞ 一份好的筆記不是一次就能完成的，而是要經過多次整理、調整，將筆記內容逐漸濃縮，才能得到最後的「精華」。

☞ 筆記濃縮到最後，很可能一章只有一頁，或甚至一科只有三、四頁，這些濃縮的精華，就是你考前複習的超級重點。

在課堂上做出一網打盡重點的筆記

多數學生考慮到所學不足，通常都會選擇補習，替自己打下基礎。過去補習班只有「面授課程」，也就是在課堂上，由老師站在講台上講解授課。但隨著科技的普及化，近年來「視訊教學」應運而生，考生可以在上課前配合個人時間與需求，選擇面授課程或視訊課程。當然，無論是面授課程還是視訊課程都有它的優缺點。

如果選擇面授課程，首先必須注意，不是每個補習班都能夠提供全科目的面授課程（補習班一定會提供全科課程，但未必是面授教學）。

至於課堂教學的好處在於進度不易落後。補習班課程進度緊湊，如果考生追隨著課程安排上課、複習，不易怠惰。且有老師當面授課，學習專注度提高，有問題可以立刻提問、得到解答。

但課堂教學的時間很長，很難保持全神貫注，稍微分神就會漏聽內容，必須等到課後再回放錄音，其中會浪費不少時間，整體來說沒有效率。

而且如果僅以補習班的課程為讀書進度，一旦老師或考生無法按時到課，或有調課補課的狀況，就必須挪用其他時間來彌補，或影響到其他科目的上課、讀書時間，這對考生的學習效果

來說是不利的。

　　因此雖然選擇去補習班上課是多數學生在備考時的主要手段，但在了解它的優缺點之後，我們應該要配合狀況，調整做筆記的手法，以求達到最高的學習效率。

大量板書時如何筆記

　　通常有些民法課老師的授課方式，是在講課前先寫板書，隨後再逐一講解。之所以寫板書，表示授課老師已經做了一次有系統的整理，將教學內容以圖形化或表格化的形式呈現在黑板上。

　　在這種課程中，學生必須掌握寫筆記的時機，趁著老師寫黑板的時候趕緊抄寫，等到老師停下來講解時，就立刻停筆，隨著老師的講解，逐一檢視筆記內容，加深印象。

　　在這種課堂上，筆記的方式與要訣如下：

　　一、黑板板書為筆記重點：在課堂上抄寫時，盡可能跟上老師的腳步，如有不完整處，待課後空檔或複習時再將內容補齊。但複習的時間最好在課後第二天完成，避免遺忘。表格化的板書代表內容已經經過老師整理，是去蕪存菁的重點摘要，在最後三個月的衝刺期時，可以直接將這些筆記作為複習重點使用。

　　二、建議以A4或B5活頁紙做筆記：使用活頁紙無論是插頁或者是換頁時都相當方便，具有高度機動性和調整性。在複習的時

候，配合重新整理筆記的進度，可以隨時更新、置換。

　　三、利用影像留下紀錄：有些人因為抄寫速度趕不上課堂講課的進度，所以利用拍照的方式將黑板內容以影像留存，等到課後再對照照片內容整理筆記。這個方式雖好，利用影像記錄板書很方便、快速，且不會有錯，但紙筆書寫可以加深印象，所以盡量還是以抄寫的方式記錄板書內容為佳。

板書與講述並重時的筆記法

　　通常在經濟學、會計學或稅務法規等課程中，老師們會採用講課與板書同步的授課方式。但板書內容一多，或者講課速度稍快，學生們就有可能為了抄寫板書而疏忽課堂講課的內容。但這些科目因為複雜，只要稍有疏忽，極有可能錯失重點、無法連貫，因此在上這些課程時，務必要配合上課節奏，避免在老師講解時分心抄寫。

　　要如何在課堂上兼顧板書與授課內容的製作筆記呢？

　　一、抓住「關鍵字」：考量到上課節奏緊湊，在抄寫時盡量以關鍵字記錄概要，等課後複習時再利用關鍵字回溯記憶，重新整理內容。

　　什麼是關鍵字？要如何將複雜的文字簡化呈關鍵字？關鍵字的轉化有幾種方式：

1. 用數字代替文字：例如以「§184」代表民法第一八四條。

2. 簡化少數字詞：例如以「備呆」代表備抵呆帳。

3. 使用圖型：例如以線條代表法律關係。

4. 英文縮寫：例如以「AD」代表總和需求線、以「A/R」代表應收帳款。

無論使用哪種方式簡化濃縮或表達，都要盡量清楚，避免在複習或整理的時候，因為簡化太過而無法與課程內容對應。

二、善用科技器材，以錄音輔助筆記：為了避免課堂上的疏忽，忽略授課重點，建議可以使用錄音器材將課程內容錄下來。這也是現階段補習班學生最常使用的方式。但要注意錄音筆或手機的電量，時常發生有人課上到一半，電力耗盡的情況，因此建議上課前要確認電量、適時更換電池。

但即使科技進步，有錄音檔案可以不停回放，可是科技無法取代紙筆書寫讓人印象深刻，而且純粹依賴錄音，缺乏手寫記錄，印象不深，容易遺忘，因此上課時還是要以**聽講為主，筆記為輔**。筆記不必抄寫得太詳細，更重要的是課後的筆記整理和複習。

另外，科技日新月異，近幾年補習班出現所謂「雲端教學」或「影音教學」，顧名思義是提供學生利用網路，觀看影音課程。對於半工半讀的兼職學生來說，這種教學法配合度更高，可以不必受限於上課時間，即使上課時恍神放空，也可以透過影音

圖4-1　課堂上的關鍵字筆記

*§＋法條＝第××條
　ex：§33＝第33條

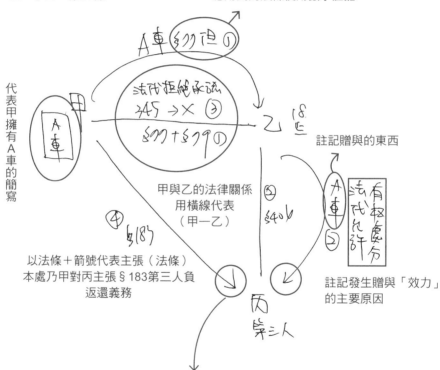

應用到的法條使用數字註記

代表甲擁有A車的簡寫

甲與乙的法律關係
用橫線代表
（甲－乙）

以法條＋箭號代表主張（法條）
本處乃甲對丙主張§183第三人負
返還義務

註記贈與的東西

註記發生贈與「效力」
的主要原因

以帶有箭號的直線或曲線代表誰對誰做何
事，本處指乙對丙贈與（406）A車

圖4-2　整理過後的完整筆記

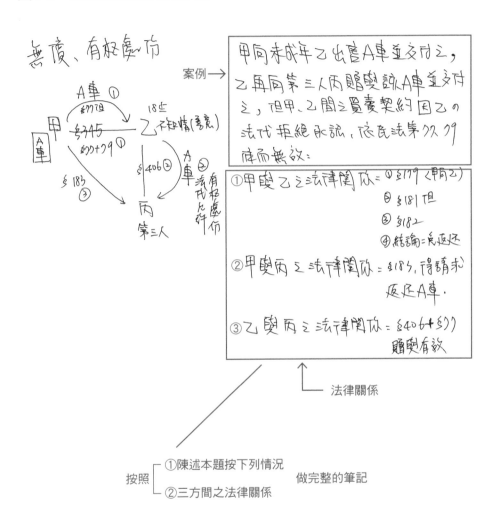

回放來學習。而對於基礎不佳的考生來說，視訊課程可以重複上課，針對弱點科目進行補強，加強吸收。

但是凡事有利必有害，視訊教學雖然能夠重複播放，卻反而容易造成考生在學習上有恃無恐的心態。而且每次重播都需要花上數小時，如果精神集中度不高，僅靠著視訊教學反而容易分心、浪費時間。更何況因為透過影音授課，所以在聽講時如果學生有什麼疑問，身邊沒有老師可以請教，反而容易造成後續內容的理解和學習上的干擾。

但無論如何，不管考生是選擇雲端教學或影音授課，都要隨著課程進度製作筆記，才能有效的把課堂上所學轉化成深刻的記憶，避免事倍功半。

小叮嚀：

☞ 有些補習班或補教老師，不願意學生在課堂上拍照或錄影，因此建議在你行動之前，先與老師或補習班方面溝通確認。

☞ 每整理一次筆記，等於重上一次課、重讀一遍書。

☞ 筆記要越整理越精簡，只留下重點精華。

隨課錄音的優缺點

　　有些考生仗著擁有錄音筆或手機，可以將上課內容錄製下來，無限回放，因此即使上課時分心或只顧著抄寫板書也覺得沒有關係。但他們卻忽略了補習班授課時，一堂課的內容約為三小時左右，如果回放，等於要花三個小時的時間重聽內容。想要在龐雜的錄音中找到關鍵段落，也極費時，結果反而佔用了自己讀書、整理和複習的時間。

　　現在的考生幾乎沒有人上課時不錄音，但最好還是上課時專心聽講，將錄音紀錄用於複習時針對上課內容的疑義，重聽確認之用。

在課堂上或讀書時所製作的筆記，通常是重點摘錄，而非完整、有條理的訊息，經常課後回顧筆記時，發現內容雜亂無章。因此我們一定要反覆整理筆記，找出連貫的條理、去蕪存菁，便利日後複習時可以更有效率地掌握重點！

人的左腦處理語言，右腦處理圖像，因此在整理筆記時也要利用這個概念，將筆記分為「以圖像為主」的樹狀圖筆記，和「以文字為主」的條列式筆記。

如果能夠將每個科目的筆記內容都轉化為樹狀式筆記與條列式筆記，兩者相輔相成，無論是左腦發達還是右腦發達的人，都可以提高快速複習的效率。

以圖像為主的「樹狀式筆記法」

樹狀式筆記圖與心智圖的呈現手法很類似。該怎麼製作呢？

以章節來看，最中心是章節的核心關鍵，也就是本章節的大標，接著有組織有架構地向外延伸，將內容的關鍵字互相連結串接起來。

做樹狀式筆記之前，考生必須要對整個章節內容有一定程度的認識，否則很容易疏忽內容要點，這也是為什麼必須要在上完課或是自修完畢後才能整理筆記。

製作此種筆記的重點在於，延伸的內容必須要連結每個重要關鍵點，才能夠支撐起本章節的組織架構。

如果上完課後還是不是很清楚關鍵點何在，可以拿出課本來參考。不必擔心課本內容雜亂無章、不容易整頓，其實課本已經經過初步的整理。

在通常的情況下，**課本中的每個章節和標題都是重要關鍵點**，但是我們不能光倚靠課本整理出來的架構去記憶，因為要想強化記憶，必須要把內容透過自己的邏輯和判斷重整出樹狀圖，這樣對於學習的記憶才會又牢又深刻。

接下來圖 4-3 我以民法為例，製作樹狀圖筆記。第一篇共有七個章節，如果製作成樹狀圖筆記，先要將每個章節的結構、連結伸展開來。

當我們作出樹狀圖之後，要怎麼使用這張圖呢？

一、利用轉化成樹狀圖的過程，在腦海中建立起內容的組織架構。之後在考試時，若考生審題後知道題目在考哪一章的內容時，該章節的架構就會在腦海中浮現出來，可提高解題效率。

二、在製作樹狀圖的同時，把相關關鍵性的內容註記在圖上，例如民法的法條或經濟學的公式。在複習的同時，可以立刻

圖4-3 民法的樹狀式筆記範例

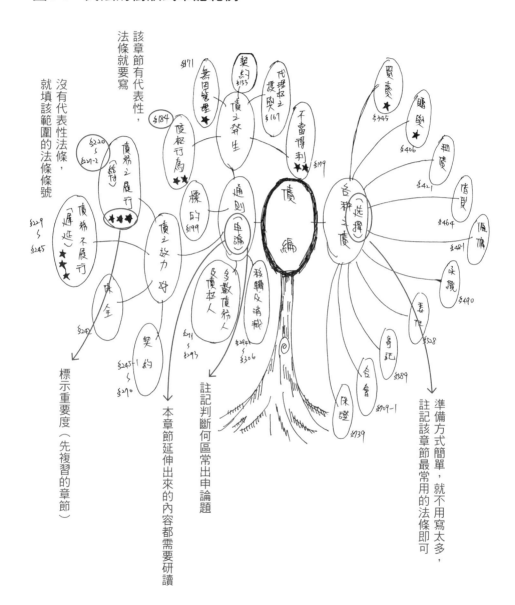

確認相關內容、範圍何在。考試的時候，當想出樹狀圖的同時，腦海中也會浮現出相關內容的註記文字。

三、透過整理的過程，判斷這一段所學的重要考區，並以符號註記重要考區，便於日後複習時針對重點加強。以圖4-3為例，我在整理過民法的樹狀圖筆記後，將認定的重點必考處以「★」符號標示，符號越多，表示那一區塊重要性越高。

四、透過整理，也可判斷出申論題與選擇題的區域。

 ## 以文字為主的「條列式筆記法」

條列式筆記主要以文字表現，可配合樹狀圖筆記，將課堂上抄寫的筆記整合整理成地毯式的條目，目的在於針對課本內容與課程重點進行二次整理。

既然是地毯式的條目整理，課本是很好用的重要書籍。建議以活頁紙作筆記，把上課時抄寫的關鍵字筆記做為基底，搭配課本的內容，做詳細統籌整理或者註解。

同時在下筆之前，可參考歷屆試題，分析內容，再根據出題方向調整筆記內容。

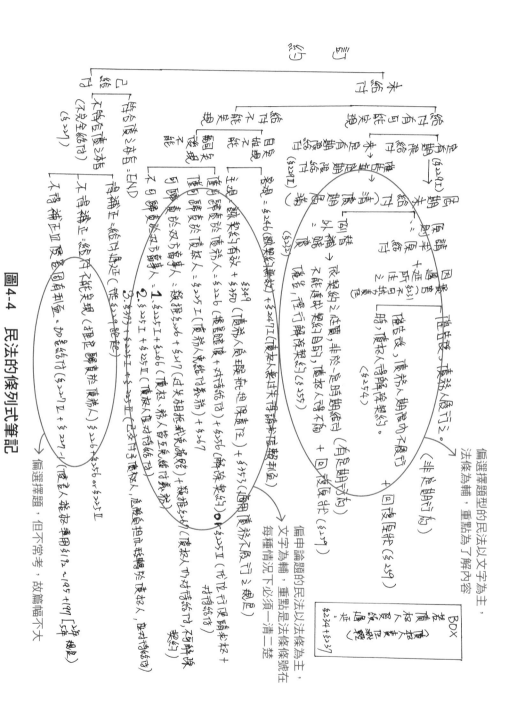

圖4-4　民法的條列式筆記

民法的筆記要訣

以民法考試為例，近年來的申論題都以每題一個案例為主的形式表現，並試問其法律關係為何。而且民法比較著重人與人之間的法律關係，或者詢問該法律行為的效力。所以平時整理筆記時，就要**著重書寫每個案例之間的法律關係及法律效力，並且搭配圖形，強化記憶。**

會計學筆記要訣

會計學是個性質較專業的科目，有些專有名詞必須要會，如果不懂，可以買本初級會計學的書當工具書來作筆記。

會計學著重在分錄、財務報表、修改的部分。

高考會計學近年來考題著重在會計學的後半部，如退休金會計、租賃會計、利息資本化、股份基礎給付等等；普考以前半部為重點，例如銀行調節表、零用金、存貨評價等等。比較起來，普考的會計學相對簡單很多，如果想要只考普考的考生，會計學的筆記就不用花太大的工夫。

稅務法規筆記要訣

稅務法規著重在定義及修法內容上，比會計學有更多的專有

名詞。因為這是一個法律科目，所以筆記絕對不能少。

　　稅務法規依內容可分為：主體、客體、稅率、減免、稽徵程序、罰則、附則，考生應該要照這一套體系分別去作筆記。

　　專業名詞的解釋及每一年度稅法修法的部分都是考試時熱門的重點，因此建議考生們在每年五、六月、距離高普考將近的時候，蒐集修法的資料。在這個時間點來作統整的整理比較有效率，因為**高普考的試題必須在四月前製作出來，五、六月才修改的稅法無法成為本年高普考的考題**，所以等到五、六月再來整理修法的資料才不會有疏漏！

財政學筆記要訣

　　因為財政學與稅務法規有相當的關連，想要深入財政學就必須要會稅務法規，所以定義很重要。

　　除了定義之外，財政學還著重圖形。圖形是財政學必要學習的申論方式，畫出 X、Y 軸，利用預算線或者是所得線及效用曲線求出最適的稅率等等。請利用整理筆記的時間同時複習內容，才能達到事半功倍的效果。

　　建議**在上完課後，把筆記研讀一遍，先在腦中做個整理，再拿出空白活頁紙針對每種圖形自行畫圖申論**。這就是你考前的複習筆記了。

申論題筆記要訣

因為每個科目申論題的重點和解題方式都不一樣，民法出案例、會計學著重計算方法、稅務法規著重定義及修法內容、財政學著重定義及圖形、經濟學著重計算……根據不同的重點，筆記的方式也要有所變化喔！

筆記的標號撰寫順序

在筆記的標號上，最好配合申論題考題的撰寫方式，統一順序為：一→（一）→1→（1）→A→a。

一旦考生對這樣的撰寫順序養成習慣，自然能幫助你在考試時快速整理答題的邏輯和凝聚思緒。

小叮嚀：

☞ 透過筆記複習的方法：在課堂上做「關鍵字筆記」，課後配合授課內容，整理出完整的筆記。每個科目都盡量做出「樹狀式筆記」和「條列式筆記」，以強化記憶。

☞ 一本經過反覆整理的筆記，內容精簡、清晰、有條理，讓人一目瞭然、掌握重點，能夠快速喚起記憶，是考前複習的最佳工具。

圖4-5　撰寫筆記時的標號順序

一、(一)1.(1) の寫法

三、最高限額抵押權(單一抵押權、擔保數筆債務)

(一)定義：§881-1：稱最高限額抵押權者，謂債務人或第三人

(二)圖例：　　　　§881-1 Ⅱ

α基於票據所生之權利 ex：買賣、侵權行為、租賃。

甲　既存の法律關係　乙

A土地 ← §881-1：額度＝500万(抵高比較好)
　　　　　　1000万債
　　←　300万還　(抵押權不因債之發生、消滅而消滅)
　　←　500万
　　←　100万
　　　　　　　　　　　　　　結算
XXX 債權總額確定　　§881-12
得變更為普通抵押權
　§881-13

(三)特性

1.從屬性 (§881-6)

(1)成立上之從屬性：成立時不具從屬性，可先設定抵押後再來
　　　銷貨、放款，僅於實行時確定擔保債權
　　　總金額即可。

(2)移轉上の從屬性：單一債權移轉，抵押權不移轉。

(3)消滅上の　〃　：單一債權消滅，抵押權不消滅。

2.追及性 (§881-17準用§867)

3.物上代位性 (§881-17準用抵押權之規定)

(四)效力

1.債權最高限額說 (§881-2)

債權、利息、遲延利息、違約金合計 不逾 最高限額範圍者，始
得行使抵押權。

注意教材與參考書的時效性

　　許多考生考慮到省錢，透過網路募集或接收前人的書籍與參考資料，還有人選擇購買較便宜的二手或三、四手書。

　　但會計學這一科因為近幾年大修，原本台灣會計學主要使用的是美國 IASB，但為了與國際趨勢接軌，現已改採用 IFRS，而修改的部分有可能會出現在試題中。如果考生無法跟上最新趨勢，很有可能答非所問。

　　因此考生在買函授教材或是參考書籍、課本時，一定要注意書本內容的訊息是否有跟上最新的趨勢變化，千萬別買到「過期」的課本，考試時答非所問。

掌握高普考關鍵——
破解各科得分重點

● 國文作文可採用適合國考使用的「是、為、做、合」四段作文法。

● 多讀大法官釋字，可運用在國文作文與法學大意的考試中。

● 準備稅務法規，可從稅捐稽徵法入手。

● 會計學考試重點，著重在分錄、財務報表、IFRS大修等部分。用順序型筆記，更快進入狀況。

● 經濟學申論題，簡潔扼要的回答更有可能取得高分。

● 財政學的準備訣竅在於「複習課本」和「練習題目」。

● 民法必背法條。選擇有詳解的題庫書幫助考前準備。

● 抓住考試的出題規律和重點，預測考試方向

國文：兵家必爭之地在於作文

表5-1：高普考國文考試內容

題型屬性	題數	佔分	考試範圍
公文	1題	20	公文寫作
國文測驗題	10題	20	無限制
作文	1題	60	出題方向與公務員的工作性質、節操、心性與服務態度有關

公文著重記憶格式

根據這幾年的得分來推斷，在準備得宜的情況下，考生們在公文的平均得分約在 10 至 12 分上下，分數波動很平均，只要答題正確，沒有太大差錯，得分不會太低。

公文寫作是一個已經格式化的考題，只要考前一個禮拜，拿考古題出來練習，即可掌握重點。

近年公文考試的注意事項與趨勢：

一、一〇四年修正公文格式，期望語不需要空格。

二、近年來的題目都傾向於出「不寫辦法」的公文題目，因此在判斷題目時需要格外小心。

三、公文寫作通常考「函」的撰寫。

國文測驗可利用參考書輔助

國文測驗總共有 10 題選擇題，測試考生的國文素質。

因為測驗內容含括非常廣，需要平時長期的培養，但是即使 10 題選擇都答對，得到的分數至多 20 分，以投資報酬率來看，回報並不高。所以如果你的國文程度位居中間，沒有特別差，那麼只要在補習時認真聽課即可。

另外坊間有一些眾多考生都推薦的相關參考書或題庫，可以參考網路上的資訊去選購。

作文可使用「是為做合」作文法

從表 5-1 可以看出高普考的國文考試題型分為三種：公文佔 20 分、國文測驗佔 20 分、作文佔 60 分。

從分數來判斷，國文這門科目中，作文得分多寡將是拉開考生間彼此差距的最大主因。雖然平均算起來考生們的作文成績大概都在 30 分上下，但如果純以平均分數來分析，經常忽略了每個人因程度不同而產生的差異。當多數考生能夠拿到 30 至 40 分的作文分數時，如果你在作文上只能取得 25 分，兩者之間就會產生 5 到 15 分的差異，而這樣的落差，很難從測驗題或公文中去彌補。

因此在準備國文時，作文是考生們絕對不能輕忽的重點。即使未必能夠取得高分，但也絕對不能在作文這一塊大量失分。

不管是不是一出手就能讓閱卷老師驚為天人的作文高手，在寫作文的時候，為了避免偏題，都要培養一個習慣：**先寫作文大綱，再撰寫內文。**

通常國文作文多以四段表現，考生在擬定作文大綱時不需要花太多時間，至多三到五分鐘即可。這裡提供兩種常見的作文大綱架構「起、承、轉、合」和「是、為、做、合」，可依循考生需求，變化使用。

「起承轉合」的架構法是最常見的，是論說文中常見的分段結構法，而「是為做合」的架構法卻比較少人使用。可是在國考考試中，「是為做合」卻是很好的作文分段方法。

什麼是「是為做合」作文架構法呢？為了能讓大家看得清楚，我採用表格方式表現：

表5-2：「是為做合」作文分段架構

段落	重心	段落重點
第一段	是	在於表述「是什麼」，描述事物的狀況、現象與本質。
第二段	為	在於表述「為什麼」，闡述事物的成因與目的。
第三段	做	在於講述「怎麼做」，提出解決問題的方法與途徑。
第四段	合	最後綜合上述觀點，做一個完整的收尾。

這兩種寫法最大的差異，在於「起承轉合」的架構，會在第三段舉出例子來佐證題目，而「是為做合」的架構則是在第三段寫出該用什麼方法來達成目標。

以下我將實際運用「起承轉合」和「是為做合」兩種分段法，鋪陳出作文的架構分段，給大家作為參考。

範例

> 　　言論自由是民主社會的基石，所以法律對言論自由給予明文保障，然而針對社會議題的批評，若查證不實，推論失當，則可能誤導群眾，毀人名譽，產生不良的後果。請以「言論自由與自律」為題，作文一篇，深入說明你的看法。
>
> 　　　　　　　　　　　　（一○四年高普考國文科作文）

　　當以「起承轉合」的結構架構作文大綱時：

段落	重心	段落重點
第一段	起	提出言論自由是人的權利之一，而人權使於法國大革命。
第二段	承	言論自由讓人民得以主張自身的意見，也同時促進了社會的進步，例如傳播媒體、報章雜誌的意見發表，提醒政府、促進社會改革。
第三段	轉	1. 提出大法官釋字解釋：「在符合公共利益的情況下，新聞記者如以跟追方式進行採訪，依社會觀念還在容忍之列者，即具正當理由，而不予處罰。」 2. 舉例說明有時新聞媒體因為查證不實、推論失當，造成嚴重的影響。例如「鄭捷殺人案」中，某些新聞媒體未確實查證，立刻公布了凶手國中、高中時的相片，但事後發現所公布的照片影像並非凶手本人，而是同名者，造成無辜的「鄭捷」名譽受損、受到極大影響。
第四段	合	總結言論自由與自律是不可或缺的，而缺乏自律的言論自由恐怕會釀成社會輿論下的悲劇，人們不可不慎。

當以「是為做合」的結構架構作文大綱時：

段落	重心	段落重點
第一段	是	提出言論自由是人的權利之一，而人權使於法國大革命。
第二段	為	1.點出疑問：為什麼言論自由需要與自律相結合？ 2.給予答案：因為沒有了自律的言論，只會產生捕風捉影、空洞不實的報導，突然造成無辜者的傷害與慘劇。
第三段	做	1.提出作法：到底要怎麼作，才能夠有效自律？ 2.給予答案： 　凡事經過確實查證才報導； 　必須舉出來源可信、確切的數據； 　不為譁眾取寵而報導來源不可靠的訊息。
第四段	合	總結言論自由與自律是不可或缺的，而缺乏自律的言論自由恐怕會釀成社會輿論下的悲劇，人們不可不慎。

小叮嚀：

☞ 國文作文除了可以選用分段法建立架構之外，還可以恰當融入大法官釋字或公務人員法等相關內容，有加分效果。

☞ 公文的撰寫要特別注意審題，題目中到底要求要寫辦法，或是規定不要寫辦法，必須在審題時做清楚的判斷。

作文搶分：大法官釋字及公務員法

我第一年的兩場考試作文成績分別只拿到了 25 及 27 分，與前面所說的考生作文平均分數 30 分，有一定程度的落差。正當心灰意冷之時，讀書會中一個擅長作文，每次成績都能拿到 35 分以上的超強「戰友」傳授祕訣，才發現作文也有拿高分的訣竅！

首先他提醒我，國考與一般考試不同，目的是為了補充政府公務員的缺額，因此觀察歷年作文題目時會發現，題目往往都與公務員的工作性質、節操、心性與服務態度相關，因此考試時也要盡量「投其所好」。在國考作文中，適當運用「大法官釋字」及「公務員法規」等內容，是寫作文的極佳素材。

經我實際試驗，第二年高普考作文成績拉高到 33 分及 35 分，因此提供給大家做為參考。但是要注意，適當的使用素材有助於提高成績，然而如果捨本逐末，大量塞入釋字與法規內容，反而會造成閱讀上的痛苦。

建議考生們在考試中擬大綱時，標註可以用到的一、兩段法規及釋字，讓自己在考試時能夠快速掌握寫作內容。

法學知識與英文：注意大法官釋字

表5-3：高普考法學知識與英文考試內容

題型	題數	佔分	考試範圍
法學大意	30 題	60	憲法、法學大意、大法官釋字、民法、刑法、特別法（包含公司法、著作權法、消保法、性別工作平等法等）。
英文	20 題	40	無限制

從出題的狀況來看，法學題目 30 題，總分 60 分，英文題目 20 題，總分 40 分，而法學題目的範疇包含憲法、法學大意、民法、刑法、特別法，含括範圍極大。英文考試也沒有範圍限制，相當難抓題。

法學大意須注意大法官釋字

表5-4：法學大意出題範圍與題數

出題範圍	題數
民法	約 2-3 題
刑法	約 2-3 題
特別法	約 2-3 題
憲法及法學大意	約 20 題

從出題範圍來看，憲法及法學大意是熱門的考題所在，所以坊間補習班在開課的時候，經常以法學大意及憲法課程為主，其餘的法律知識要靠考生自己讀書準備。

　　建議考生們在準備本科的時候多看大法官釋字，因為憲法及法學大意都包含了釋字的考題，題目也經常出現與釋字有關的內容。研讀大法官釋字既可以用來作為寫國文作文的素材，也可以藉此準備法學知識與英文的題目，絕對不吃虧的！

　　以整科的題型屬性判斷，法學題目比較多，佔分也較高，許多考生會因此認定把時間花在研讀法學內容的投資報酬率比較高，但這只是一種假象。我們必須考慮「答對題數」，才能判斷得分的回報率。

　　如果考生想要取得法學 60 分全滿分，必須要精通所有類型的法律才能做到。為什麼呢？因為在這 30 題中，民法題約佔 2 到 3 題、刑法題約 2 至 3 題，特別法題目也約是 2 到 3 題，其餘的題目則從憲法及法學大意出題，大約會有 20 題左右。如果是非法律系所的學生，在沒有基礎的情況下準備這些類別的科目，或許憲法及法學大意尚可以應付，但若是為了追求特別法 10 題全對，而要自修精通民法、刑法與特別法，時間的投資報酬率太低。即使 10 題全對，在這裡也耗費太多時間，實在不划算啊。

　　另外，選考財稅行政類組的考生們在法學大意的考試上有些特殊小優勢。因為民法是本類組專業科目中的考科，考生們一定

會精研民法，不用特意準備，基本上都能把握住這 2 到 3 題的分數。至於刑法和特別法如果有上過補習班法學大意的課程，對於基礎內容應該有所掌握。只要認真聽課，複習過一次即可。

英文利用歷屆試題加強實力

英文的題數為 20 題，乍看起來不如法學大意來得多，但英文是大部分考生的痛處。許多人在法學知識與英文這門科目的成績很低，罪魁禍首都是因為英文程度不好！

對於有補習的考生來說，補習班會開法學相關的課程，即使是第一年準備考試的考生，只要有效率地認真讀書，都能夠掌握大部分的法學考題，成績不會太差，但英文因為範圍太大，讓許多人無從準備。

如果你的英文程度很差，千萬不要因為沒有信心而放棄考試。在此建議考生們，利用歷屆試題來準備英文考試。

這並非要你埋頭苦寫考題！而是把歷屆試題裡面，不會、不明白的單字和片語抄起來，弄清楚內容，並利用零碎的時間背誦。

因為歷屆試題的單字再考率很高，如果你分析歷屆考題就會發現，會發現很多內容是重複出現的。所以如果你沒有辦法把握英文的準備範圍時，就從歷屆考題中下手吧！

準備英文考試的重點為：

一、利用歷屆考題，學習單字、片語，掌握考試範圍。

二、蒐集補習班在散發的講義，將重點統整、學習。

三、提高詞彙量。

小叮嚀：

☞ 多讀大法官釋字，可以運用在許多科目上，除了國文作文中適當加入，有利得分之外，法學大意中也可運用。

☞ 本類組考生普遍英文表現不佳，因此英文成績能多拿幾分，相對變得有利。

☞ 英文雖然看似沒有範圍限制，但準備英文可以靠多背單字、從考古題中找出常考的內容做準備。以前考過的單字，再考率極高，所以做完歷屆試題後，一定要把錯誤弄懂。

初等考試不可輕忽共同科目

　　高普考的共同科目因為佔分比重較低，雖然表現好壞攸關上榜與否，但因為有專業科目的分數緩衝，即使表現稍微差一點，也可能可以從專業科目分數上去做彌補。

　　但對初等考試來說，因為競爭激烈、分數差異不大，錄取分數偏高，所以不管是國文或英文，每一分成績都非常重要。如果考生的主力是放在初等考試上，無論是對專業科目還是共同科目的準備都一定要再加強！

稅務法規：從稅捐稽徵法入手

　　除了財稅相關學系的學生有接觸過稅務法規之外，對多數考生而言，幾乎都在決定報考本類組的同時，才接觸到這一科，難免令初考生感到不安。

　　不過綜觀本類組中考生，真正屬於財稅系的學生佔比並不高，所以即使你沒有相關基礎，也不用太過擔心，只要按部就班準備即可。

　　財稅行政類組的高普考內容傾向於申論式考題，本科命題內容偏法規的定義、行政救濟及罰則該如何闡述等方面。

　　因此平時在讀這科的時候，千萬不要像準備會計學一樣以計算為主，而是要了解政府課稅的目的在哪裡，或是試著申論稅制的優劣勢、可改進之處。

　　稅務法規一科另外還貫穿財稅行政類組考試的兩個科目：租稅各論、財政學，所以讀好一科等於提升三科成績，投資報酬率相當高，是不可放過的科目。

　　雖然多數考生都沒有相關的學習基礎，然而因為本科的考試範圍有限，而且不必死記硬背，難度不高，所以考生絕對不可以錯過在這一科中盡量搶分。

 **準備方法**

因為多數考生沒有法學基礎，所以經常在一開始的學習和準備上茫然無措。不管是初學者或者是重考生，以下幾點值得特別注意：

從「稅捐稽徵法」入手

稅捐稽徵法是所有稅法裡面的母法，亦是普通法，在無特別法的情形下，原則上適用此法，可說是稅法中一個統整性法律。在準備稅務法規時，建議可以先從本法開始，有利於之後的學習。

請注意以下五點統整性的重點：

一、注意解釋函令的發布：財政部一直都在更新解釋函令，因此考題中常出適用何種解釋函令的問題。要了解的是解釋函令自生效日開始，對於未核課稅務案件及已核課稅務案件適不適用新的解釋函令，對於未核課案件採有利的解釋函令適用，已核課的案件採核課當時的解釋函令適用。

二、注意「核課期間」及「追徵時效」：這兩個專有名詞考生時常會搞混分不清楚，核課期間為稅捐機關審核稅務案件的時間，誠實申報為五年、惡意漏報或逃漏稅捐者為七年；追徵時效

為核課期間確定後稅捐機關向納稅義務人徵收稅款的期間。

三、關於「行政救濟」：行政救濟的流程為調查→訴願→行政訴訟，而關於流程的人民提起行政救濟的法定期間、對象、稽徵機關回覆的法定期間等等，都是考點，須多加注意。

四、留意「強制執行」的內容：強制執行的要件常與保全的要件一併出題，考生要記得如果納稅義務人符合保全的要件，就不可以對納稅義務人提起強制執行。

五、注意「罰則」的特別規定：主要注意什麼情況下適用何法的罰則。例如稅捐稽徵法採原則性規定，如果各稅法還有特別規定，像營業稅法針對虛報銷售額者處罰五倍以下的罰緩。稅捐稽徵法不會針對銷售額制定罰則，因此有營業人虛報銷售額的話，則依營業稅法之特別規定處理。

參加修法講座更新修法資訊

本類組所有考科中，稅務法規是最需要即時更新修法資訊的科目。

我國的稅法因為與納稅義務人的財產密切相關，每年都會有法條的修正，而修改的部分經常是考試的重點，因此參加修法講座、隨時更新資訊，是準備本科時絕不可或缺的功課。

針對純法條記憶，製作條列式筆記

準備稅務法規時，筆記相當重要，因為比起其他計算型的科目，純法條、純記憶類的內容更容易被忘記，所以必須利用筆記整理重點，加以複習。寫筆記的方式以上課內容為主，課後摘要為輔。

因為上課節奏相當緊湊，盡量在課本上或活頁紙上抄寫課堂上的板書或講課關鍵字，課後再利用時間，配合課本整理內容，加深印象。

稅務法規依內容可分為：主體、客體、稅率、減免、稽徵程序、罰則和附則。考生應該要照這一套大綱內容，做成條列式的筆記，研讀思緒比較能分得清楚，在複習或查閱答案時也更加方便。

在做完課程內容的筆記後，可以在後面增加一區練習題的內容。如在每個章節的稅法筆記後面，放上幾道經典的題目，盡量以申論題為主，以加深對這個章節內容的印象，複習時也不怕找不到題目可練。

對多數本類組考生來說，稅務法規是非常陌生的考科，再加上本科的內容年年修法，因此需要經常更新最新資訊，以便與舊法互相比較，所以筆記就更重要了！

 **得分重點**

修法資訊乃國家考試熱門題目

　　稅務法規主要有五大稅法要注意：稅捐稽徵法、所得稅（有分綜合所得稅及營利事業所得稅）、加值型營業稅、遺產及贈與稅和土地稅（有土地增值稅、地價稅、田賦三稅）。本科目的範圍很大，但主要的考題都出在五種稅法中。若考試當年又碰上修法，更是是熱門申論題的焦點，考生務必多加注意。例如一〇四年修法房地合一，當年稅務特考的申論及選擇提就考了房地合一，所以考試前務必要注意近兩年的修法資料和趨勢。

不必背誦法條，了解定義即可

　　與必須死背記憶的民法法條不同，稅務法規考試主要是確認考生對題目的觀念是否通透，因此若是在答案中背寫法條，雖然可以加分，但卻不是主要問題的解答。稅務法規考的是申論式問題，根據歷屆試題研判，有幾個面向要做準備：

　　一、該法的立法意旨及性質。

　　二、檢討該法的租稅理論與現實環境。

　　三、綜合各條文論述，討論缺失及改造要點。

會計學：熟練課本，輕鬆得分

　　想要考好會計學，本身需要有良好的邏輯概念。雖然會計學不像法科一樣字字珠璣，但考試時需要相當多的推算。也因為它必須要有充足的腦力去計算、思考以及細心研讀，再加上考題中經常出現各種小陷阱，所以想要成功解題，除了審題時謹慎小心之外，還需要有相當深入的準備和理解。

　　對多數考生來說，難度較高的會計學經常是拉低總分的「拉拉隊」。但不必因為這個結果而感到失望，因為即使你的會計學成績不佳，但大部分的考生也都有差不多的成績，還是有可能靠其他科異軍突起，拉抬成績。

　　但如果你的會計學成績不錯，那麼恭喜，務必要穩住，這將成為計算總成績時強大的拉分優勢！

# 準備方法

熟練課本

　　在我準備國考的歷程中，一直很希望知道更有效的會計學科

準備法。我向上榜前輩請教，他們清一色都回答我，備考方式很簡單，便是「多看課本的題目練習」。

起初我很困惑，只看課本有什麼用？但等到真正開始準備時，我就發現，會計學課本本身就是一個大題庫。如果考生手邊有會計學的書籍，翻開來看就會發現整個課本幾乎都以題目的方式呈現，教學也是舉出題目、解答、分析、練習……前輩們的說法一點也沒有錯，只要把課本內的題型練到滾瓜爛熟，熟練到瀏覽題目就能直接知道答案的程度，你在會計學這科中一定可以拿到漂亮的成績。

掌握考試方向

會計學考試重點，著重在分錄、財務報表、IFRS 大修等部分。

高考會計學近年的考題趨勢，強調會計學的後半部：退休金會計，租賃會計、利息資本化、股份基礎給付等等；而普考則以前半部為重點，例如銀行調節表、零用金、存貨評價等等。

眾所皆知，以難度來區分的話，高考為中級會計學，普考為初級會計學。所以如果你的會計學程度真的很糟糕，怎麼努力都讀不起來，可以在這裡做一個選擇——去考普考。普考考試的難度將會大大降低。

每天都要安排會計學讀書與複習時間

在會計學的學習方式上，初學者應該盡量將會計學放入讀書計畫表中，視為備考重心的去安排學習。最好每天都要排定完整的一個小時左右時間給會計學，持續讀書、不斷做計算，以保持對會計學的敏感度。

順序型筆記，更快進入狀況

在平時計算的時候，可以針對單元做順序型的筆記，並針對分錄中使用科目的順序做筆記。在一個分錄中，選擇科目下筆的順序相當重要，因為最後一個科目通常只能靠借貸法則計算出來，如果挑錯科目下筆，金額就會出錯，所以必須做個註記，記下會計學中應用到的公式。

一、標註公式：比較難的科目才需要做筆記，因此我們可以將它的順序排在中間計算，然後在該科目的旁邊，註記上會計學應用到的公式這還可以做為日後複習的標示，考生可以此快速記憶公式。

二、注意借貸相等法則：通常最後一個科目常會應用到此法則，意即借方總金額與貸方總金額必定相同，所以這科目的金額特別重要，前面只要有一個出錯最後必定也跟著出錯，那可就功虧一簣了，因為會計學是一個必須要分錄全對才能得分的考科。

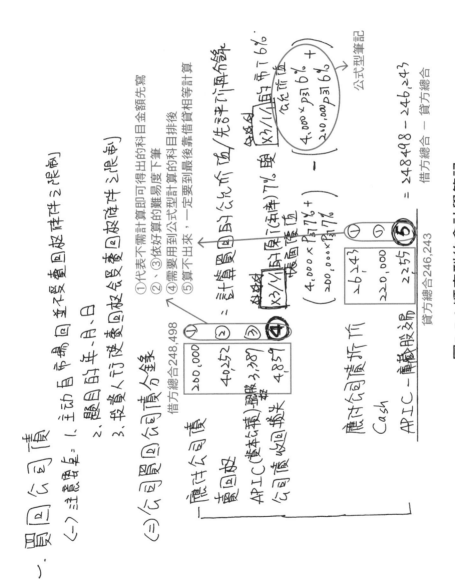

圖5-5：順序型的會計學筆記

利用上述方式製作筆記，有利於在複習前能更快進入狀況！

重考生或者是有會計學基礎的考生，因為在研讀上比其他人來得快速，容易吸收課本上的知識，因此可以把重心稍微放在其他科目上，但也不能顧此失彼，因為會計學得分高低，可說決定了上榜與否的重點。

考生應該把會計學當成是自己的好朋友，天天計算！如果會計學是你的弱項科目，那就更應該多花時間去接觸、計算，直到你熟練每一題目為止。

雖然會計學的分數普遍都很低分，但如果可以讓它成為你的優勢，也就掌握了必勝的關鍵。

 ## 得分重點

掌握初等會計學的重點，為中等會計學做準備

我曾見過有些考生為了學好高普考程度的中等會計學，特別買初級會計學的函授課程來研讀，多花一年的時間先學初級會計學，接著再開始學中級會計學。這也就是說，為了打好基礎，他們多投入一年的時間準備。

但以我的備考經驗判斷，初級會計學的難度與中級會計學差

異實在太大，多花一年或許能學好初級會計學，但不見得能學好中級會計學。因此建議考生們與其花一整年的時間學習旁末枝節，不如優先掌握住初級會計學的重點，譬如先學好什麼是會計學的五大要素、什麼是分錄、學會財務報表的內容、會計的原則、調整及會計錯誤。

有些補習班在開會計課程前，會先安排幾堂先修班，替考生打下初級會計學的基礎。考生也可以上這種課程，藉此快速掌握基礎。

會計學分派系，但請一本書讀到底

會計學確實是有分流派，不同體系的會計學有不同的會計處理方式。因此許多考生會困惑，不知道自己應該讀哪個體系比較好。

針對這個問題，我的看法是，確實考生無法事先得知出題教授的體系，不過這並不是無法克服的問題。現今市面上及補習班流通的會計學書籍，大多內容都以鄭丁旺教授的寫法為底，所以**如果要準備考試，建議可以選擇鄭丁旺教授的書來研讀。**

但無論考生最後選擇是哪一本書、哪一個體系，都要切記「貪多嚼不爛」的道理。多數考生都不可能多種體系面面俱到的兼顧，事實上，學太多種體系的會計學，只會越讀越混亂。

在準備會計學時，專心讀好一本書才是最重要的。再者，寫考題最注重的就是熟練度，一道題目只做一次，下次還可能會錯，但做久了自然就會了解解題的順序，知道答案應該要怎麼計算。因此，考生們應該將有限的時間花費在縮限的範圍上，只要選定一本書（或一個體系）就專心準備，直到上榜為止。

小叮嚀：

☞ 稅務法規每年都會調整，而調整的內容經常是考試出題的熱門重點，因此最好在考試前參加修法講座，更新資訊，避免訊息過時。

☞ 會計學難度高、體系多，經常讓考生無所適從，建議先打下初等會計學的基礎，再配合上課、自習、整理筆記、每天都勤練等方式，直至熟練為止。

推薦計算機

　　無論是上課的內容還是自修，會計學都是以題目為主進行的教學，沒有計算的會計學就不是會計學了，所以如何把答案計算出來，是本科目最重要的重點。

　　既然要計算，就必須要有計算機。我推薦考生們可以去找具有「K 值」功能的計算機，也就是有提供倒數的功能，在考場上計算時可以省下不少的時間。

　　但不要忘記了，國考的考生準備的計算機，必須符合國考考試標準，才能帶入場中使用。

經濟學：交叉複習，加強申論答題

有些本身具有經濟學基礎的考生，會因為看見財稅行政類組中考經濟學，因此決定報考本類組。所以就錄取成績來看，經濟學的平均分數並沒有很低。雖然有的時候必須考量考題的難度如何，但基本上本科不會像會計學那樣普遍低分。

 **準備方法**

經濟學區分為兩塊：個體經濟學及總體經濟學。個體經濟學講的是廠商追求私人極大利益，其應生產的數量與決定的價格為何；而總體經濟學講的是國家政策下，人民所得（總產出）的計算、國家的財政（或貨幣）政策導致全國的經濟影響為何、外匯的變化等等。在申論題的時候，這兩方面的分析方向是截然不同的。

對許多考生來說，在經濟學這塊常遭遇到的問題是總體經濟學及個體經濟學分配時間上的問題。因為這兩方面的範圍都很大，考生們往往從個體經濟學開始學起，需要投入的時間大約是三到四個月，接著開始學習總體經濟學，學習時間也差不多三至

四個月。但等到總體經濟學課程結束，個體經濟學的內容也已經忘得差不多了。而複習的時候也有類似的狀況，只要稍微放開某部分一段時間，就會覺得生疏。

會造成這種原因，主要一方面是因為總經與個經都需要較長的學習時間，另一方面則是因為兩者之間關係不大，總體經濟學並不是個體經濟學的延伸，又兩者分析方向不同，故學習的內容也不同，因此常常發生考生不是對個經不熟，就是對總經不熟，其中又以總經為最。因為考生經常無論自修還是補習都從個經開始準備起，所以對於個經的內容也比較熟悉，較不容易忘記。

而該怎麼準備個、總體經濟學，不同類型的考生可複習的時間不同，準備的方法也不一樣。

初學者在高普考前至少要完整複習一次

初次接觸經濟學的考生，即使安排補習，但全部課程內容跑完一遍已經是隔年三、四月，而自修讀書的考生有可能耗時更久，大約要到四、五月左右才能讀完第一遍。此時距離高普考只剩下兩個月的時間，而初學者很少有人能夠在兩個月內把經濟學全複習過，因此不必區分個、總經濟學的差別，盡量利用剩下的時間，目標定在把課堂上或自修時讀過的內容都複習一遍！

因為在黃金記憶期內，只要兩個月內能把內容複習過一遍，

考試前都不太會忘記內容。

有基礎者同步安排個、總體經濟學交叉複習

重考生或具有經濟學基礎的考生，為了確保掌握進度、內容，必須自己設定複習進度，不可只是被動地跟隨補習班老師上課。

如果有在補習，當老師開始上個體經濟學時，自己要另外安排時間同步複習總體經濟學，而隔年當老師開始上總體經濟學課程時，也要主動複習個體經濟學。

無論是哪一種考生，複習都是加深印象的不二法門，課堂上所講授的內容，必須要在上課當日或隔日趕緊複習。不要只把時間都花在趕進度上，卻疏忽了複習的重要性，否則讀後忘前，怎麼苦讀也不會有好結果。

在最後三個月的衝刺期，已經上完所有課程的考生，每複習一個單元的個體經濟學後，立刻銜接複習一個單元的總體經濟學，交叉複習，強化記憶。

這種方法或許顛覆了許多考生在準備經濟學時，總是習慣把個經讀完再讀總經，或者總經讀完再讀個經的學習方式。然而同步複習的目的，是希望透同時接觸總經與個經，確保在考試前不會輕忽其中一部分。

兼顧個經與總經，不可放棄

有些考生會質疑，既然個經與總經如此分散，想要同時兼顧必須要付出很多的心力，為了效率若只準備其一，豈不更好？至少能通讀一部分。

在這裡要說明，財稅行政類組的經濟學考試中，個經與總經在申論題中佔分各半。這也就是說兩題申論題中，個經與總經各有一題。如果考生只著重準備個經，勢必失去總經的 25 分，這也就意味著，即使你在其他題目上完美無缺地回答，也只能拿到 75 分。

但這失去的 25 分差距幾乎無法從其他科目中彌補，因此無論是個經還是總經，都不可放棄。

尤其考慮到經濟學的申論題答案都是有憑有據，閱卷人員不可能以個人主觀或喜好去批改，因此分數很好拿，失去了非常可惜，所以請務必好好把握。

 得分重點

申論題回答簡潔扼要

在財稅行政類組的考試科目中，經濟學是商科科目，因此不

只有計算，還需要使用線圖（X、Y 軸）來分析。申論的方式如果純粹使用文字，只能得到較低的分數，最好的回答方式必須圖文並茂。建議考生們平時在練習申論題的時候，要特別注意這一點。

在答題的過程中，先畫圖，並且最好把總和供給曲線及總和需求線均衡，透過幾行公式計算均衡點的數值就可以解出正確答案。

圖 5-6 這三小題總分 25 分，我在考場中寫的篇幅不到一面，拿下 24 分，驗證閱卷委員在給分時看的是正確率，而不是寫的內容多寡。但如果是在練習申論題時，為了讓日後自己可以更清楚原來的思路，最好把計算式寫得詳盡一點會較易理解。

此外，準備經濟學不太用得到筆記，課本內容已經相當完整了。重點是要多算題目，尤其是申論題。

考生不必過於畏懼經濟學，因為考試方法、評分方式明確，只要把答案算對就可以得分，比起其他的商科如會計學，或法科如民法等來說，經濟學是很好得分的！

圖5-6：經濟學申論題答題範例

分數	題號	答案請從本頁第一行開始書寫，並請標明題號，依序作答。

（一）

圖形先秀出來

物價 (P) 的計算方式 ⇒ LAS = AD

⇒ $Y = 600 + 10 (M/P)$ ①列公式

代入題目：$\overline{Y} = 750$，$M = 600$ ②代入題目

⇒ $750 = 600 + 10 (600/P)$ ③計算

物價 $(P) = 40$ ④得知答案

再列出較詳盡的計算式做筆記

A：物價 = 40，產出 = 750，失業率水準 = $\overline{u} = 0.05$ ※

（二）

圖形，根據題目的不同，需注意線條的變化（直 or 斜線）

$SAS = AD'$

⇒ $\overline{Y} + P - P^e = 600 + 10 (M/P)$

代入題目 = $P^e = 40$，$M = 800$，$\overline{Y} = 750$

⇒ $750 + P - 40 = 600 + 10 (800/P)$

計算式

第1頁

$$\Rightarrow 710P + P^2 = 600P + 8000$$

$$\Rightarrow (P-50)(P+160) = 0$$

物價 $(P) = 50$

代入原式： $Y = 600 + 10(800/50)$ 　　　計算式

$$= 760$$

代入歐肯法則： $U = (760-750)/750 = -2(U-0.0$

$$\Rightarrow 0.0133 = -2U + 0.1$$

$$2U = 0.0867$$

$$U = 0.0433$$

A= 物價 =50, 產出 =760, 失業率 =0.0433

(三)

圖形，本題為線的移動，求出交叉點的所在。

$$750 = 600 + 10(800/P)$$

$$\Rightarrow 750P = 600P + 8000$$ 　　　計算式

物價 $(P) = 53.33$

第2頁

財政學：讀好一科提高三科的關鍵

財政學主要是探討地方與中央租稅政策及手段，如何影響社會福利、是否達成效率或者是社會福利最適的情形。因為本科也是許多財稅行政類組的考生從未學習過的科目之一，而且每年考試的難易度不同，經常讓考生們望而生畏。但其實分析起來就會發現，財政學並不困難。

 ## 準備方法

如果是從沒有學過財政學的考生，可能會最大的問題來自於不了解專有名詞。建議考生在初期時可透過補習或者是以函授來學習，如果沒有修過經濟學或財政學的基礎，單靠自修想要掌握財政學，恐怕會比較吃力。

本科考試的組成，分別是 2 題申論題及 50 題選擇題；在申論題方面主要以圖形分析或者是計算稅率等題型，選擇題則大多出與財政學及稅務法規相關的內容。

財政學的考試範圍雖然很廣，但還是可以掌握大致的讀書方向。

把經濟學學好，財政學自然上軌道

財政學又稱「公共經濟學」，屬於經濟學的一部分，寫法也很相近，必須運用圖形分析來分析申論題內容，例如租稅或國家政策產生的影響為何。所以如果把經濟學的基礎（例如彈性、市場失靈等等）打好，將對本科有相當大的幫助，在學習上也會比較快能進入狀況。

如前面所說，考生即使沒有學過經濟學也沒關係，因為經濟學自成一科，只要按照前面準備經濟學的方法和重點來學習，經濟學成績自然不差，財政學也會隨之提升。

部分考試範圍與稅務法規重疊

先前也說過，專業科目中的稅務法規與財政學之間互有關連。

財政學之所以叫做財政學，顧名思義是與國家的財政政策有關，而國家的財政又與租稅有著密不可分的關係，因此財政學在公共支出理論、租稅總論、社會福利經濟等多方面探討課稅的影響。尤其在選擇題的部分，租稅常常是會出的考點之一。如果想要學好財政學，那麼務必要掌握好稅務法規。

考生也許會擔憂這是個牽一髮而動全身的科目，要是稅務法規或經濟學沒有學好，財政學表現也不佳。但反過來說，這也意

味著，財稅行政類組的考試，考科並非完全獨立，每一科都要花最大心力去從頭準備，而且互相影響。但只要讀好一科，就可以連帶影響另外一科或兩科的表現，有相輔相成的作用。

正因為如此，所以考生在準備考試時，千萬不可放棄任何一科！

初學者按部就班，重考生靠筆記自修

如果是初學者，建議在上財政學前，先去上補習班開設的基礎班，學習經濟學基礎，或者可先自修經濟學的彈性及效用曲線等部分內容，再接著上財政學課程，比較容易讀通。

上課的進度一定要完全跟上老師的進度安排，因為補習班的課程通常會到隔年四、五月才結束，屆時距離高普考也不遠了，複習壓力很大。

但考生也不必要為了爭取時間而先提早預習課程，因為如果沒有財政學的基礎，即使是自修或預習課本的內容，也像是在看無字天書，想要讀懂得花上許多倍的工夫，反而浪費了準備其他科目的時間。況且自己預習，沒有老師講解來得快、容易理解，而且補習班會視情況調整進度，只要跟隨課程安排的進度準備，自然會有一定效果。

至於有基礎的考生，僅靠補習班的課程作為複習進度是不夠

的，建議選擇以自修學習為重，最好能夠按照自己規畫的進度整理筆記，並一定要多練習申論題。

 ## 得分重點

財政學的得分重點在於申論題，計算稅率的題目時常可見，得分標準不會過難，只要計算答案正確就有分，圖形分析以及結論答對也能得分，因為學分標準明確，所以要把握搶分的機會。

選擇題經常與租稅一同出題，可以當成稅務法規的複習。如果課本有附題目，就練課本所附的題目，如果沒有，請買一本題庫來加強練習。

對重考生來說，第一年基礎打好後，練題的時間就要增加，以加強對題目的敏感度。不要忘記，「複習課本」和「練習題目」是考生不變的最佳讀書模式。

民法：熟記法條，靠申論題得

民法是所有財稅行政類組的考試科目裡面，最偏向法律系的考科，其申論題的寫法常常是考生們最頭痛的問題，而且考試範圍廣泛，內容包括全部的民法而非僅有總論，所以民法一千兩百二十五條法條通通都包括在考試範圍中。

但也不用太過擔心，因為實際上在一千多條的民法中，真正能夠出成考題的，大約只有七百到八百條左右。

對於財經出身的考生來說，幾乎都沒有法律基礎，但是靠著後天的努力，依然可以在考試中取得高分。民法是一個有讀就有回報的科目！

 ## 準備方法

民法是具有法律專業的科目，如果考生沒有足夠基礎，最好能有一個可以教授基礎、詢問問題的老師引導。但民法老師的選擇很重要，要想基礎要打好，與師資的教法有密切的關連，所以在上課前，考生最好能透過網路的資訊或前人的評價做評斷，審慎選擇。

利用整理筆記進行通盤複習

初學者想要快速進入狀況，不僅上課要跟上老師的進度，同時要進行複習。

筆記是複習的重點。法科的內容如果不記下來，很容易就會忘記。在這裡重複先前我們說過記筆記的要訣：以關鍵字記錄上課內容抄寫下來，等上完課複習時，再來進行整理。注意安排複習的時間不要間隔太久，否則你會忘記抄寫的關鍵字是在講什麼。

複習的時候要時常思考幾個問題：該法條帶來的法律效果為何？成立要件為何？該法條準用另外哪一個法條？

另外，因為民法採「案例式申論題」（意即給一個案例以解題），所以筆記上要註記每個案例帶來的法律效果及應用的法條為何。多增加這一筆註記，未來在考前進行複習的時候，可以快速且完整地瀏覽全部的內容，會有很大的幫助。

選擇有詳解的題庫書，輔助考前準備

到了考前，考生作答的題目量要增加。通常民法課本後面並沒有附題目，建議考生去買一本民法的選擇題題庫書作自我檢測之用。最好選擇有詳解的題庫，因為民法時常會產生法條上解釋的問題，若是沒有詳解，就只能找老師或者是同學討論，對於考

生，尤其是靠著自修備考的考生來說，題庫的解答越細緻越好，或是要靠著課本和網路尋找答案的原因，比較安心。

另外，建議再找一本關於民法申論題的書籍來強化實力。所謂「讀」，不是把題目及解答抄下來背誦，而是盡量琢磨書中的申論題寫法。參考幾十道申論題的解答後，自然會建立起一套申論題的架構認知。

雖然題庫很重要，但還是要注意，複習課本和題目檢測必須相輔相成。光是埋頭寫題目，反而容易忽略課本中的重點內容。

別鑽牛角尖，你不是法學生，是國考生

考生們經常發生走火入魔的現象，讀書讀到最後，連一點小小的細節都不放過，這種情況尤其經常出現在民法這一科。

鉅細靡遺的準備不是說不好，但是在時間及進度的壓力下，挑選具有重要性的內容來讀，反而是更重要的。

讀民法的目的是在於考公職而不是考研究所，所以不需要過於細緻的研究。備考的時候，考生們一定要掌握分寸標準、有所取捨才行。

得分重點

背法條的必要性

在準備民法的時候，很多考生的共同疑惑都是：到底要不要背民法法條呢？

答案是要，而且一定要。

為什麼呢？原因有三。

一、財稅行政類組的民法申論題不會考太多延伸題，大多是只要引據法條就可以解決的案例題目，所以為了解題而背法條是絕對有利的。

二、提早背法條有助於加深對民法內容的印象。民法是透過法條研讀的科目，既然是從法條開始，背法條自然比較能夠從題目中看出解題的關鍵。

第三，閱卷老師要負責太多的卷子，平均起來，每一份卷子只有二十秒左右的批改時間，在這麼短的時間裡，要如何判斷得分與否？**法條條號自然成為閱卷老師第一個衡量分數的指標。**

準備國考的時候，我大約花了三個月左右的時間將法條條文背熟。考生們在準備考試的時候，應該衡量自己的記憶力和讀書時間，如果對自己的記憶力沒有信心，那麼應該提早背，大約考

試前半年就應該要開始背法條，而且即使背熟，也要反覆複習，避免遺忘。至於什麼內容該背什麼不該背，則以平時上課的重點和練習題目時有使用到的法條為主，可自行斟酌。

申論題是民法得分的關鍵

在民法這門科目中，能與其他考生拉開成績差距的地方就是申論題！因為每個人被分配到的閱卷老師都不一樣，所以申論題的得分分數變化很大，在這種情況下，如何寫好申論題就成為決定考試得分的關鍵。

後續我們將針對如何撰寫申論題的做詳細的敘述，這邊只說明幾個要點：

一、標號的順序不可弄錯。

二、第一行通常要寫最精準的答案，例如寫明該法律行為有效、無效或能不能主張權利。

三、每段要符合架構，可以使用「三段論證法」回答。

四、在正式下筆前，先在考試卷上寫下要使用的法條，避免直接下筆，反而出錯。

租稅各論：避免太早開始準備

租稅各論原本是放在財政學裡面的一個章節，後來把它挪出來成為獨立的一門科目。

既然原本列在財政學裡面，那麼本科內容一定與財政學密切相關，而財政學又與經濟學與稅務法規有關，因此到了最後，租稅各論的考試範圍與稅務法規、財政學兩科完全一致。

這也就是說，只要準備好稅務法規及財政學兩科，租稅各論的分數也將穩拿高分。

因此在準備考試的時候，不需要太早將租稅各論放入讀書計畫中。

我第一年考試時，先把租稅各論放入讀書計畫之內，然而耗時準備的結果，不僅佔用時間，導致壓力沉重，又因為一開始財政學及稅務法規並未準備完全，連同租稅各論也被拖累到。

落榜後我檢討分析，吸取前車之鑑的教訓，在第二年準備時，把租稅各論的時間拿掉，換成先複習其他科目，反而提高了效率！

考前大猜題，判斷出題重點

在旁人看來，國考準備時間單位是以「年」在計算的準備考試，但對許多考生來說，即使一年兩年的準備，也不見得能夠完備全部科目。尤其許多考生是半路出家，對於考科根本毫無基礎，也有考生單靠自修與苦讀準備考試，因此想要用一年的時間內，準備好八個科目，還要達到面面俱到的程度，極其困難。

所以對於考生來說，最好是完全準備，但如果沒有辦法有周全的準備，就要思考如何適當地做取捨。

取捨絕非考量個人擅長與否，而是有方向、有方法的選擇。把力氣用在「常考」、「必考」的方面，只要把握住一定不可以丟失的分數，就拉近了上榜的距離。

但什麼是「常考」、「必考」的內容呢？

建議考生們不要單純只是低頭猛做考古題或歷屆試題，或者考試後急忙地檢討改錯，而要利用考試後的檢討空檔，或寫相關歷屆試題的機會，感受一下命題者的出題方向，藉此判斷下次考試可能的趨勢會偏向哪些方面。

通常高普考的出題委員平均二至三年輪換，而同一屆出題委員在不同考試中，經常偏重相同的出題方向。如果你抓住了這些考試的出題規律和重點，對下次考試上榜的可能性將大為提升。

以我為例，一〇三年地方特考及高普考的考試中，我發現財政學這門科目命題偏向稅務法規的考題，因此在準備一〇四年財政學、稅務法規、租稅各論這三門科目的時候，都著重稅務法規的準備，減少讀書計畫中財政學及租稅各論兩科的時間安排，取而代之的是插入基礎較弱的法科。但我之所以敢做這樣大膽的調整，主要是因為第一年已經有過財政學的基礎，有把握能夠應付出題方向較為基礎的財政學題目。

　　不僅是備考的時間規畫，就連考題比重著重的區塊（考點），也可以從歷屆考題判斷得出。

　　例如近年的民法考題，在我寫了大概三年到四年份的歷屆試題後，發現民總、債權、物權、親權中，題目越來越趨向物權的出題內容，因此在最後一個月重新複習物權的法條以及題目，果然後來考試時不出所料，考出了許多關於物權的題目。

　　許多考生把猜題當成考前三個月，或甚至是最後關頭才進行的非常手段，但其實分析考題、預測考題絕不是到了最後才進行。

　　參考歷屆試題做命題趨勢的分析，可以讓考生在讀書計畫的安排與科目研究上，透過輕重緩急重的排定，把時間花在刀口上，也將會大大提升讀書計畫的執行效率！

應考實戰密技——
考科題型破解大公開

● 許多考試都在題目中藏了陷阱,考試時務必審題。

● 近年公文寫作趨勢,逐漸不須填寫辦法,要注意題目指示。

● 公文寫作常見的問題在於格式不熟練,在極細微處出錯。

● 三段論法經常用於民法申論題。法條寫對、文字精準,得分自然提高。

● 申論題的得分重點在於「答案精準」,而非「拚命多寫」。

● 會計申論題答題完畢後,記得以十字口訣驗證對錯。

● 經濟學申論題即使無法記住公式,也可以透過圖形分析求出答案。

● 有些考試題目即使沒讀過也不要放棄,技巧解題,仍有找出答案的可能。

公文寫作的陷阱都藏在題目裡

　　準備公文的話，有三個段落需要考生背好格式後埋頭苦寫，分別是：主旨、說明、辦法。但是近年來，公文這塊考題有較大的變化，逐漸不須填寫辦法，且這類型的考題越來越多，例如一○四年的普考、一○四年的三等及四等地方特考和一○五年的關務三等考試都有這類型的題目。

　　考生在寫考題時務必要注意題目的要求，題目中如果有具體事項需要執行、處理者，才要在公文中寫出辦法。

　　至於不需要寫辦法的公文可大致分為幾種：

　　一、回覆型公文：這類的公文重點在於回覆，不必寫辦法。

　　二、審核型公文：呈交給主管機關審核的公文，不能對主管寫辦法。

　　三、報備型公文：只是向主管機關報備事項，不用寫辦法。

　　在面對題目時，必須先做判斷，而不是因循舊法的埋頭苦寫。當考題規定不需要寫辦法，但考生畫蛇添足的寫了，反而會被扣分！

　　以下就兩種公文申論題的撰寫法，詳細舉例說明。

不必撰寫辦法的公文

範例

　　假設桃園市市民許大維先生於一〇四年十月二十五日以電子郵件，向行政院院長電子信箱陳情，為其子女就讀桃園市甲乙國小，憂心遭禽流感感染及營養午餐蛋類食材安全問題，請行政院確實督促防範。本案經行政院於一〇四年十月二十六日院長信箱轉桃園市政府後，經該府研究發展考核委員會列管，並於同年月二十七日轉請該府教育局，請該局就許先生陳情事項，所採行之具體防範措施，以及增設「快樂午餐、吃出健康」學校營養午餐食材登錄網站之訊息，一併逕復陳情人，試擬桃園市政府教育局答覆許先生函。

（一〇四年地方特考三等考試）

　　題目中說「就許先生陳情事項，所採行之具體防範措施……一併逕復陳情人」，雖然它寫到採行之具體防範措施，但本題的目的在於「逕復陳情人」幾個字上，因此，考生真正要寫的是一篇回覆型的公文，而不是處理、執行某項政策的公文，自然就不需要寫辦法，只要在公文中，該說明給陳情人的地方，用說明段即可。

圖6-1 不必填寫辦法的公文範例

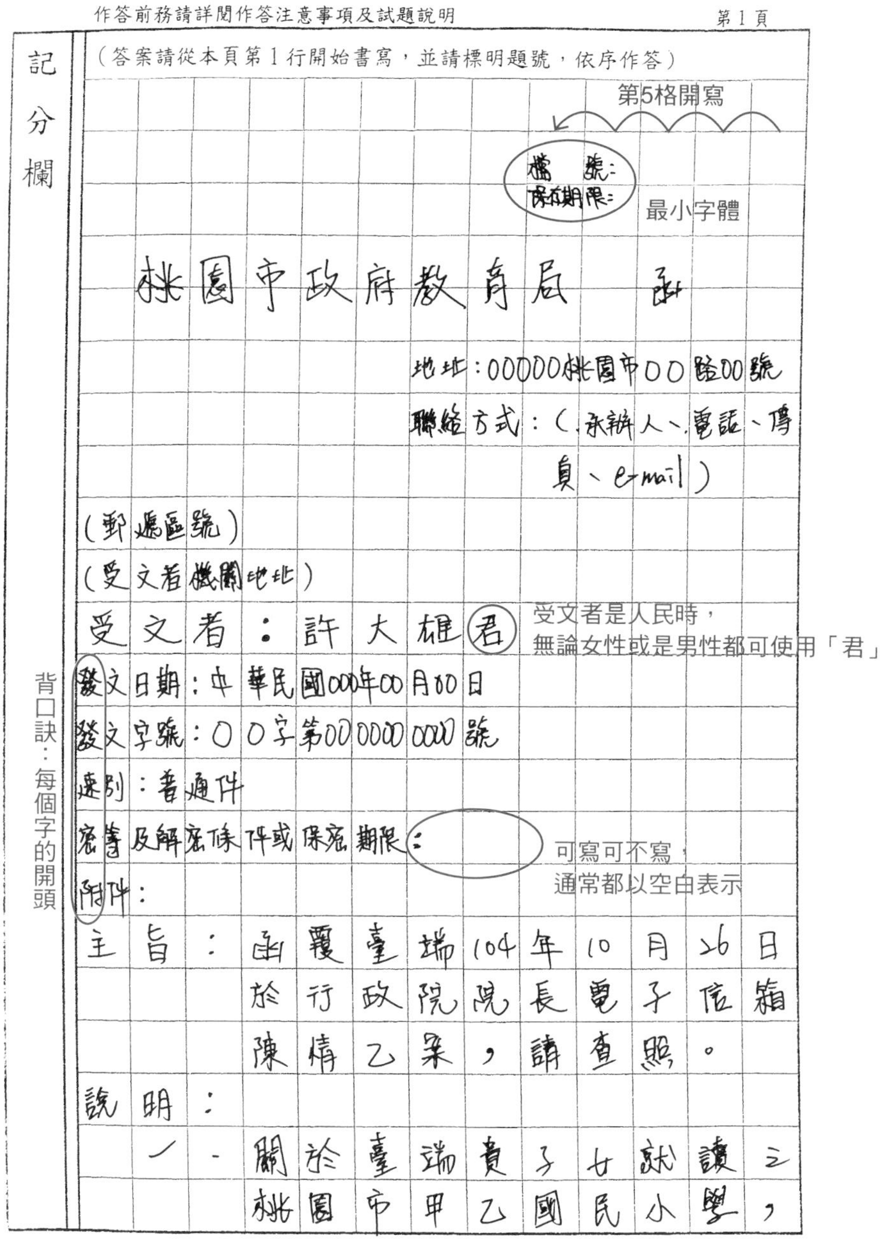

記分欄

（答案請從本頁第1行開始書寫，並請標明題號，依序作答）

第5格開寫

檔　號：
保存期限：　最小字體

桃園市政府教育局　函

地址：00000桃園市00路00號

聯絡方式：（承辦人、電話、傳
　　　　　　真、e-mail）

（郵遞區號）

（受文者機關地址）

受文者：許大雄（君）　受文者是人民時，
　　　　　　　　　　　無論女性或是男性都可使用「君」

發文日期：中華民國000年00月00日

發文字號：00字第000000 0000號

速別：普通件

密等及解密條件或保密期限：　可寫可不寫，通常都以空白表示

附件：

主旨：函覆臺端104年10月26日
　　　於行政院院長電子信箱
　　　陳情乙案，請查照。

說明：

　　一、關於臺端貴子女就讀之
　　　　桃園市甲乙國民小學，

背口訣：每個字的開頭

空三格開寫 →

　　　　柔安全，以減少流感感染，及營養午餐已加注
意，相關食材安全問題，小學之衛生感染，嚴加處理之
可能，本局所輯之食材，含本局相關，以減少流感，遺
（憾）之意式能。

二、本局亦針對食材增設「健康」的網站，透過內
　　樂校午餐營養午餐食材登錄系（引）材
　　校〈此網址〉，臺端午餐的食材
　　此網站瞭解午餐（的食材）。

正本：許大雄君　　　　　　注意，不需要寫辦法

副本：

局長　　○○○

必須撰寫辦法的公文

範例

　　齊柏林先生拍攝的紀錄影片「看見台灣」，讓國人驚見臺灣國土之美，但也暴露土地濫墾、濫伐及河川汙染之嚴重，令人怵目驚心，為免引發更大浩劫，亟待設法導正與杜絕。試擬行政院環境保護署致各直轄市政府、縣市政府函：請家槍宣導正確環保觀念，針對轄區內之土地及河川，建制完善的監測、預警、通報及應變系統，對於違反環保法令事件，應依法嚴辦，並於三個月內查處完竣，以提升國人生活品質。

（一〇四年高考）

　　在題目的後半段，要求考生「做三點事情」，分別是：加強宣導正確環保觀念、針對土地河川建置完善的監測、預警、通報、及應變系統，還有對於違反案件，應依法嚴辦，並於三個月內完竣。

　　這三件事情就是公文中要求撰寫的「辦法」，因此針對題目的要求，我們必須填寫辦法內容。

圖6-2 必須填寫辦法的公文範例

記分欄	（答案請從本頁第1行開始書寫，並請標明題號，依序作答）

檔　號：
保存期限：

行政院環境保護署　函

地址：00000臺北市00路00號
聯絡方式：（承辦人、電話、傳真、e-mail）

（郵遞區號）
（受文者機關地址）
受文者：臺北市政府
發文日期：中華民國000年00月00日
發文字號：00字第00000000號
速別：普通件
密等及解密條件或保密期限：
附件：
主旨：由於臺灣環境行樂之問
　　　題日益嚴重，為加強正
　　　確之環保觀念及建置完
　　　善的監測應變系統，對
　　　於違反環保法令事件應
　　　依法嚴辦，以提升國人

生活品質，請查照辦理。

說明：

一、曾柏林先生拍攝的紀錄片「看見臺灣」，暴露了本川土土地濫墾、濫伐及河川污染之嚴重性，令人怵目驚心。

二、爰此，為加強我國人正確的環保觀念，針對轄區內之土地及河川，建置完善的應變系統，對破壞國土、川、土地等違法案件，應依法嚴辦，並於三個月內查處完竣，以利提升國人生活品質。

辦法：

一、請各地方政府儘速成立「環境保護及違章」小組，並廣邀相關業內人士、專家等意見，擬定適當合宜之措施。

二、並配合各縣市政府之政策，請製作宜導媒體，例如

		海	報	、	網	站	、	影	片	等	，	對
		民	眾	進	行	宣	導	，	提	升	人	民
		之	環	保	觀	念	。					
	三、	小	組	結	合	各	方	專	業	人	士	建
		置	完	善	的	監	測	、	預	警	、	通
		報	、	應	變	系	統	，	並	查	處	各
		不	法	之	案	件	，	依	法	嚴	辦	處
		理	。									
正本	＝	各	直轄市	、	縣市	政府						
副本	＝											
署長		○	○	○								

注意公文中的小細節

　　考公文最重要的就是格式要背熟，但是總有一些小地方，臨到考場下筆的時候，才知道根本沒記熟。

　　以下是公文考試中，考生們經常犯錯的細節。考試前，請務必注意這些格式設定，如果有時間，完成作答後再多確認一次，以免在這些不應該失分的地方被扣分。

　　一、注意檔案與保存年限位置及大小：因為字體最小，容易在複習的時候遺漏。

　　二、留心機關所在地址：因題目不同，機關所在位置也不一樣，如果考題中描述是桃園市政府發函，地址不寫桃園市就一定犯錯。

　　三、注意「正本」與「副本」的字體大小：結尾的部分，考生經常疏忽字體大小。這個錯誤雖然時常有人叮嚀，但總是有人臨場疏忽犯錯。

民法的申論題，有一種寫題技巧叫作「三段論法」，它對於任何人來說都很容易上手，簡潔明瞭。我就是透過這項技巧，在高普考的四題申論題中，拿到平均 22 分以上的佳績。

所謂三段論法的構成，即是：「大前提」（法條或抽象原則）、「小前提」（具體事實）和「結論」。

圖6-3 「三段論法」組成結構

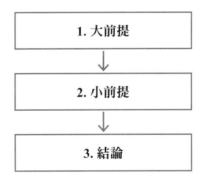

大前提（法條或抽象原則）：即本題會應用到的法條。答題時，先將本題使用的法律規定內容寫出來，最好附上法條條號，得高分的機會較大。很多考生的困擾是無法將所有法條內容一字不漏地背下來，這是正常的，人的記憶力有限，不可能把所有法條都記憶得一字不漏。解決這個問題的方法，是盡量背法條的關

鍵字。答題時關鍵字不可少,再將法條的內容摘要簡潔寫出即可。

小前提(具體事實):即是本題題目的內容。在答題時,只要精鍊簡要地寫出題目內容,盡量在開頭的部分加些法律用語,例如「查本題……」或「經查案情……」等等,藉此作為開頭用語。

結論:總結前述鋪陳,同時也解釋該法律行為或者是法律效果是有效還是無效。

三段式論法的結構很清楚,將重點面面俱到。以下我將使用一〇四年普考時的民法題目,以三段式論法作為答題的綱要,撰寫答案。

範例

　　甲男、乙女婚後生一女丙。丙五歲時,甲、乙感情不睦,協議離婚,並協議由乙擔任丙之親權人。經過七年,丙進中學時,因教育費用增加,乙之收入已不敷負擔。試問:丙得否向甲請求扶養?

（一〇四年普考）

圖6-4 三段論法實際撰寫範例

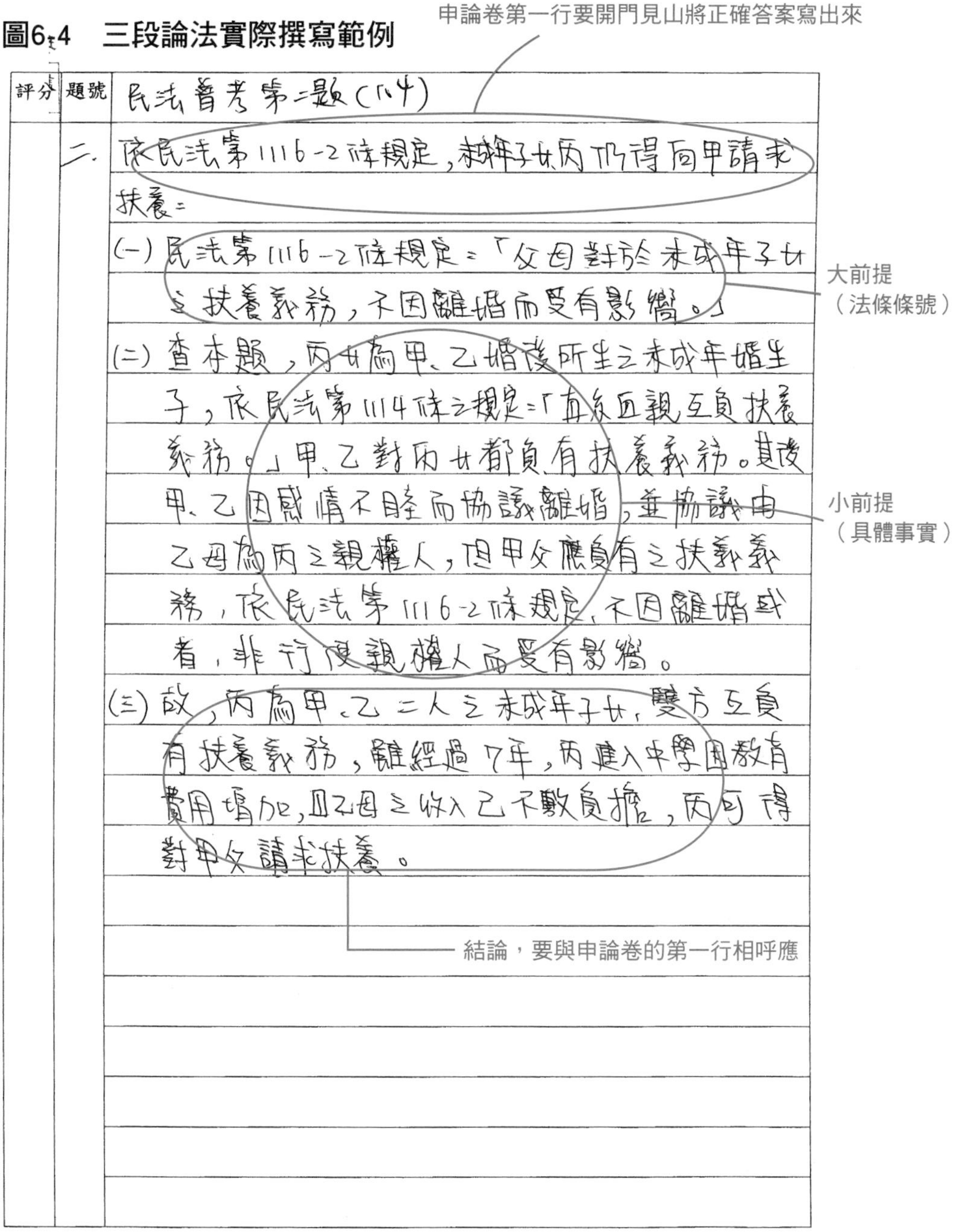

申論卷第一行要開門見山將正確答案寫出來

評分	題號	
		民法普考 第二題（八4）

二、依民法第1116-2條規定，未成年子女丙仍得向甲請求扶養：

(一) 民法第1116-2條規定：「父母對於未成年子女之扶養義務，不因離婚而受有影響。」

大前提（法條條號）

(二) 查本題，丙女為甲、乙婚後所生之未成年婚生子，依民法第1114條之規定：「互為直親互負扶養義務。」甲、乙對丙女都負有扶養義務。其後甲、乙因感情不睦而協議離婚，並協議由乙母為丙之親權人，但甲父應負有之扶養義務，依民法第1116-2條規定，不因離婚或者，非行使親權人而受有影響。

小前提（具體事實）

(三) 故，丙為甲、乙二人之未成年子女，雙方互負有扶養義務，雖經過了7年，丙進入中學因教育費用增加，且乙母之收入已不敷負擔，丙可得對甲父請求扶養。

結論，要與申論卷的第一行相呼應

重點是質精，而非量多！

　　很多考生在作答申論題時回答得長篇大論，還有一些考生之間流傳的經驗談中，講到申論題，總強調要多寫，即使不會作答，也要多寫，以賺取墨水分。

　　但根據我的考試經驗發現，高普考的的民法考科，申論題不用回答太多太滿，重點是法條寫對、答題精準就足夠。我的每一題申論題回答內容都都不到一頁，平均得分從 22 到 25 分左右。

　　個人推斷，閱卷老師負責的考卷太多，但平均起來沒有太長時間可以看長篇大論的回答，所以只要寫得簡鍊、清楚、正確，將最重要的法條明確回答出來、把最後的答案寫對，讓閱卷老師立刻能夠判斷答題正確，分數自然手到擒來。

稅務法規申論題的要訣是「簡潔明瞭」

與民法的「三段論法」不同，稅務法規並沒有硬性規定答題的寫法。

稅務法規的題目，通常會寫得很清楚，考試題型分為三項：

一、解釋該題目符合何種租稅優惠的「條件」：例如在獎勵民間參與交通建設條例中，什麼樣的情況才可以申請所得稅的減免，享受租稅優惠？

二、解釋題目的「定義」或者是「差異性」：例如要求說明夫妻合併申報的利弊。

三、針對「修法內容」，要求考生詳加說明。

面對這三種考題，有兩種答題寫法可供給考生參考。

條列式答題法

條列式答題法主要針對解釋定義、條件、差異性和修法類等題型。當針對定義時，必須說明需要符合法定要件有哪些？當針對條件時，說明需要達成的限制有哪些？當針對差異性時，必須說明需要權衡的利弊有哪些？而如果是針對修法內容，則必須說明更動的幾點事項。

這種題目是標準的背分題，有背就有分，答題時如果搭配稅務法規的法條一起寫出來，更能確保得分。

　　在國家考試中審題時，常會看到題目的最後一段寫「免稅規定是否為稅捐優惠？」（定義題型）或者是「租稅規避與逃漏稅有何不同？」（差異性題型）。

　　看得出來，稅務法規的題目會清楚地給考生申論的方向，它希望考生可以用簡潔明瞭的方式回答問題，最終目的是讓閱卷委員在很短時間內看懂你想表達的內容，那麼高分就不是問題。

表格式答題法

　　表格式答題法是一種清楚明快的作答方式，甚至有些國家考試，例如一○二年地方特考就要求考生以表格來作答，甚至連表格都預先畫好了。

　　使用表格式答題法時，考生必須先把已知的內容整理出來，針對題目所問的問題，採用表格，圖形化呈現。例如一○四年稅務特考考題請考生針對課稅範圍、稅基、結構、方式、盈虧互抵等五點進行探討，在答題時，可以畫一個表格，從左到右、從上到下，依序填入五點分析。

　　表格式答題法主要是便利閱卷委員審閱，所以盡量要讓版面簡潔明瞭，較容易得分。

圖6-5：表格式答題法範例

評分	題號				
	一、	第一階段	稅　種	稅　　　　額	納稅義務人
			土地增值稅	(已最低稅額計算：應課稅) 120萬	王媽媽
			契　稅	6萬	王媽媽
			印花稅	6千	王媽媽or洪先生
		第二階段	稅　種	稅　　　　額	納稅義務人
			土地增值稅	38萬	王媽媽
			贈與稅	120萬	王媽媽
			契　稅	6萬	王大亮
			印花稅	6千	王大亮or王媽媽

財政學申論題講求「答案精準」

財政學因為與經濟學的解題方式大致都相同，內容也有相通之處，所以如果想把財政學寫好，經濟學亦不可落下。

純計算題靠公式導算

這一類題目主要是考生計算稅率、稅收，大約幾行公式就能導算出結果。

但考生群中經常出現一個常見的迷思。我常聽到考生們說：「如果能夠簡單計算出來的題目，要盡量寫多一點，至少寫到一兩頁左右，才能夠取得高分。」

根據我在一〇三年和一〇四年多場國家考試中親身試驗發現，想要在這樣的考題中取得高分，重點從來不在於「寫了多少」，而是將正確的答案扼要寫出，並讓閱卷者一目瞭然。我在多次考試中都採用「答案精準」的精簡寫法，只要回答正確，總能取得 25 分的總得分，屢試不爽。

因此可知在財政學這個科目，**答案的正確與否才是得分的關鍵！**

✅ 分析題

所謂的「分析題」，是使用經濟學的分析作為答題手段，通常利用圖形分析，以 X、Y 軸分別代表兩種要素來進行推論分析，從而得出結論。

這種題目經常被用來分析課稅以及補助款對地方政府的支出影響。

分析題的解題寫法有一定的格式與規律：開頭論述 X、Y 軸的設定，以及說明該理論的假設有哪些，接下來進入分析，說明如果要素移動的話，會對 X、Y 軸造成何種影響，因此得出結論。

財政學是經濟學及稅務法規的集合體，所以無論是稅種、稅制的申論或計算還是圖形分析，考生都要有一定的掌握度喔！

至於租稅各論的答題法，因為考試內容是稅務法規及財政學的融合，所以在申論題的破解中，請綜合參酌該兩科的內容。

以下圖 6-6，以克拉克租稅為例，表現分析題的撰寫方式。

圖6-6：分析題克拉克租稅範例

No. 公共財
Date: / /

在有free-rider下之學說

克拉克租稅

1.提出者：葛羅夫和羅伯

2.前提：租稅設計

①因公共財不具排他性，因此可能有人會隱藏自身之偏好卻享有公共財之利益的前提下，假設：

$MRT_q - \sum_{i\neq 1}^{n} MRS_i = Tax_1$，其中i不等於1，因為第1位隱藏自身之偏好，而政府不會因為他人隱藏自身偏好而少稅，Tax_1乃政府對第一位消費課徵之租稅。

②如果消費者不會因為隱藏自身偏好而少繳稅，理性之消費者會開始追求私人利益極大化，意即：

$MRS_1 = Tax_1$

③綜合上述結論，可以得出以下結論：

$$\begin{cases} MRT_q - \sum_{i\neq 1} MRS_i = Tax_1 \\ Tax_1 = MRS_1 \end{cases}$$

$$\rightarrow MRT_q = \sum_{i\neq 1} MRS_i + MRS_1 = \sum_{i=1} MRS_i$$

符合薩彌爾遜的均衡

3.圖型分析：下頁敘述之。

NAN PAO

(1) 橫軸為公共財數量，縱軸乃消費者願意負擔之價格。
P_1 為第一位消費者之偏好，D_2 為其他消費者之偏好，$D = P_1 + D_2$
為整個市場之需求曲線，MC_g 為生產公共財之邊際成本。

(2) 若消費者隱藏其自身之偏好，致使公共財數量決定於 G_0，
低於最適公共財 G_1，產生無謂損失 $\triangle abc$。

(3) 因此，透過克拉克租稅，使第一位消費者無法少繳其
之租稅，為使利人利益極大化，第一位消費者決足於 e
來消費，使公共財數量生產於 G_1，剛好等於公共財最
適數量。

(3) 當公共財數量為 G_0 時，其他消費者之需求曲線剛好等
於公共財之邊際成本，故 $clarke\ Tax = 0$，當公共財數量 $= G_2$
時，其他消費者之需求 $= 0$，故 $clarke\ Tax = d$，將此二矢連接
起來就是第一位消費者之克拉克租稅曲線。

(4) 透過 $clarke\ Tax$，使第一位消費者隱藏自身偏好之問
題得以解決，並達成公共財最適數量，並符合薩姆爾
遜條件之均衡，社會福利亦增加了 $\triangle abc$。

會計學申論題要訣，勿忘「借貸相等」

　　會計學的申論題在考試的出題比例上，尤其以分錄及財務報表為多。考試題型不外乎是分錄、財務報表、計算帳面價值、財務分析（如計算流動比率）幾種類型。

　　回答經濟學或者是財政學在圖形分析的題目，多多少少要寫一點計算式，但會計學完全不用，題目出分錄題就直接寫分錄，不用附註本分錄的金額從何而來。

　　如果題目出財務報表，就單純看它出資產負債表還是綜合損益表……總之，根據每個表不同的格式書寫財務報表即可，重點是表格內的科目及金額要正確。

　　在回答會計學的題目時，請考生注意以下幾個要項。

養成順序型答題的習慣

　　做順序型筆記的功用就在這裡。如果平時就能養成習慣，從高準確率的科目下筆，這筆分錄就不容易出錯。

　　其實分錄在每個科目之間都有一絲絲的關聯性，只要分錄中的一個科目出錯，那麼其他科目出錯的可能性就大增，因此如果透過順序型筆記養成的好習慣，無論是處理選擇題還是申論題，

都能有效提高正確率。

檢驗申論題的正確與否

會計十字口訣：「有借必有貸，借貸必相等。」

上述口訣可用來檢驗申論題的錯誤，不僅分錄用得上借貸法則，在財務報表上亦是如此。

正確的前提是借方與貸方的數字必須相等，如果兩者相等，代表答對的機率大幅增加。像下頁表 6-8 的財務報表，檢驗的方式與分錄稍微不同，是看總計的部分借貸方是否相等，雖然即使相等，但不表示答案正確，可是如果兩者不相等，就代表必定錯誤。

考生經常在借方金額相加後發現與貸方金額不相同，這個時候就必須再檢視題目與科目，尋找表格內出錯的地方。

因此在寫完會計申論題之後，無論是分錄還是財務報表，請記得務必用十字口訣檢驗回答是否錯誤。

表6-8：借貸相等法則範例

繁　華商店
資產負債表

中華民國105年12月31日　　　　　　　　　　　　　單位：新台幣元

資產	本期	負債及權益	本期
流動資產		流動負債	
現金及約當現金	65,750	短期借款	12,000
應收票據	26,730	應付帳款	21,000
應收帳款	22,770	其他流動負債	5,000
其他應收款	1,250	流動負債合計	38,000
存　貨	5,100	非流動負債	
預付款項	1,200	應付公司債	60,000
流動資產合計	122,800	其他非流動負債	2,000
非流動資產		非流動負債合計	62,000
不動產、廠房及設備	93,000	負債總計	100,000
無形資產	27,000	權益	
其他非流動資產	31,200	業主資本	120,000
非流動資產合計	151,200	業主往來	10,000
		本期淨利	44,000*
		權益總計	174,000
資產總計	274,000	負債及權益總計	274,000

　　　　借　　方　　　　　　　　　　　　　　　貸　　方

用「圖形推算法」推演經濟學申論題

經濟學的解題的方式通常有兩種：一種是背公式或理論來解，另一種是利用圖型分析。

公式解題是最常見的解題法，考的是平時的準備、記憶。考生在審題的時候，先想清楚本題應用到的公式為何，並運用出來。

怕忘記的考生可以將公式做成筆記，例如各個競爭市場的均衡價格及數量，或者是需求、供給彈性，都是需要運用公式而且常考的題目，可以抄寫下來，在準備時反覆複習。

有些常練習經濟學題目的考生，通常寫到最後，上述公式已滾瓜爛熟於心，這時反而可以筆記一些不常考的，例如加速理論等等，以求取更高的分數。

以圖形分析來說，主要是考生必須判斷在各種情況下圖型應該推演到何種程度，考的是邏輯能力，因此在做圖時有幾點需要注意：

一、圖型的橫、縱軸該放入分析的要素為何？通常為 P 與 Q，但是經濟學不會只分析這面向，還有 Y（所得、產出、Y 財）、X（X 財）、C（消費）或 S（儲蓄）等多種項目。

二、不同彈性大小會影響線的斜率，例如需求彈性大，那麼

需求線的斜率就很小，畫起來接近一條橫線。

三、審題時要看清是短期還是長期的情況，這將影響到做圖時，每條線是直線還是斜線。

四、圖型的橫軸如果是 Y 時，要注意凱因斯、供給學派分析的是產出，消費儲蓄投資理論分析的是所得，但他們的表現方式都是 Y，寫專有名詞的時候要注意。

五、判斷是線的移動還是點的移動？外生變數就是線的移動，內生變數是點的移動，這點考生最常出錯要小心。

六、判斷線移動的方向，通常圖型至少兩條線，先判斷是何條線該移動，在判斷線該移動的方向，只要移錯方向，整個圖型就朝錯誤的方向分析。這邊出錯就是整題申論題出錯。

經濟學的考試範圍有二，總體經濟學及個體經濟學，兩者的範圍都非常大，考生不見得面面俱到，恐怕很難每題都能夠輕易算出答案。

我個人的經驗，在一〇四年高考的經濟學第二題申論題，考的是總體經濟學，我審題完時雖然因為忘記公式而不知道該怎麼下筆，但靠著圖形推算法，還是逐步找出答案！

至於我是如何推導計算的，就以本題為例，示範過程。

範例

假設某經濟體的總體經濟狀況可以表示如下：

總合需求：$Y = 600+10（M/P）$

總合供給：$Y \ X \ toY = +P - Pe$

歐肯法則（Okun's Law）：$（Y-）/=2（u-）$

　　其中 Y 為產出水準，為充分就業產出水準，M 為貨幣供給水準，P 為實際價格水準，Pe 為預期價格水準，u 為實際失業率，為自然失業率。

　　如果 $= 750$，$= 0.05$：如果貨幣供給固定在 $M = 600$ 而且一般大眾相信貨幣供給水準會長期間維持在此一水準，則均衡的物價、產出以及失業率水準為何？

　　如果央行無預警地將貨幣供給由 600 增加至 800，則短期均衡的物價、產出以及失業率水準為何？

　　承題（二），若長期價格可充分調整，則長期均衡價格水準為何？

（一○四年高考）

圖6-9：經濟學圖形推演範例

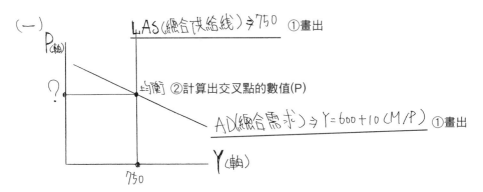

(一)

LAS(綜合供給線)→750 ①畫出

P(軸)

? 均衡 ②計算出交叉點的數值(P)

AD(綜合需求)→Y=600+10(M/P) ①畫出

Y(軸)

750

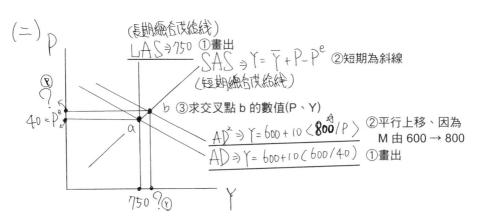

(二) P

(長期綜合供給線)

LAS→750 ①畫出

SAS→Y=ȳ+P-P^e ②短期為斜線

(短期綜合供給線)

? b ③求交叉點b的數值(P、Y)

40=P^e a

AD²→Y=600+10(800/P) ②平行上移、因為 M由600→800

AD→Y=600+10(600/40) ①畫出

750 ?(Y) Y

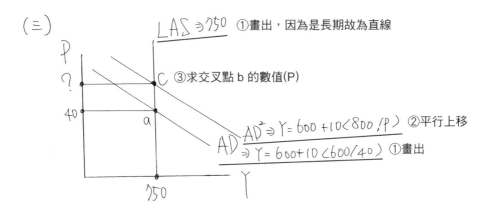

(三)

LAS→750 ①畫出，因為是長期故為直線

P

? C ③求交叉點b的數值(P)

40 a

AD²→Y=600+10(800/P) ②平行上移

AD→Y=600+10(600/40) ①畫出

Y

750

申論題（一）的題解請看圖（一）：

1. 橫軸為 Y 代表產出水準，縱軸為 P 代表價格水準，LAS 代表長期總合供給線，AD 代表總合需求線。

2. 由題目得知長期總合供給線（＝充分就業產出水準）為 750，故在 Y 軸畫出一條直線代表產出水準為 750，AD 要畫一條負斜率的斜線，交叉點（A）的地方就代表均衡的物價、產出以及失業率水準。

3. 交叉均衡的地方為兩條線相等的點，因此可以寫 LAS=AD，再延伸出去為 LAS（＝750）=AD（600+10（M/P）），剛從題目得知貨幣供給固定在 M=600，再延伸出去為 750=600+10（600/P），就得知物價價格水準（P）為 40、產出（Y）為 750。

4. 失業率水準可以透過歐肯法則（Y-）/=2（u-）計算為（750-750）/750=2（u-o.o5），得出失業率水準為 0.05，但也有更簡單的方法，只要是充分就業水準下的失業率一定是自然失業率（o.o5），因此不用算也可以得知失業率是 0.05。

5. 最終答案均衡的物價、產出以及失業率水準分別為 40、750、0.05。

申論題（二）的題解請看圖（二）：

1. 橫軸為 Y 代表產出水準，縱軸為 P 代表價格水準，LAS 代表長期總合供給線，SAS 代表短期總合供給線，AD 代表總合需求

線，AD2 代表貨幣供給變動後的總合需求線。

2. 由題目得知除上述以外，因為貨幣供給的變動，討論的地方並不是長期均衡而是短期，因此需畫出正斜率的斜線代表短期總合供給線 SAS 以及變動後的總合需求線 AD2，而交叉點（B）的地方就代表均衡的物價、產出以及失業率水準。

3. 交叉均衡的地方為兩條線相等的點，因此可以寫 SAS=AD2，再延伸出去為 SAS（Y=+P-Pe）=AD2（600+10（M/P）），剛從題目得知貨幣供給 M 由 600 來到 800 以及上題已經得知 Pe=40，再延伸出去為 SAS（750+P-40）=AD2（600+10（800/P）），再延伸出去為 750+P-40=600+10（800/P），就得知物價價格水準（P）為 50、產出（Y）為 760。

4. 失業率水準可以透過歐肯法則（Y-）/=2（u-計算為（760-750）/750=2（u-o.o5），得出失業率水準為 0.0433。

5. 最終答案均衡的物價、產出以及失業率水準分別為 40、750、0.05。

申論題（三）的題解請看圖（三）：

1. 橫軸為 Y 代表產出水準，縱軸為 P 代表價格水準，LAS 代表長期總合供給線，AD 代表總合需求線，AD2 代表貨幣供給變動後的總合需求線。

2. 由題目得知除上述以外，討論的地方是長期均衡，因此只

需要直線的 LAS 長期總合供給線以及變動後的總合需求線 AD2，而交叉點（C）的地方就代表長期均衡價格水準。

3. 交叉均衡的地方為兩條線相等的點，因此可以寫 LAS＝AD2，再延伸出去為 LAS（＝750）＝AD2（600+10（800/P）），再延伸出去為 750=600+10（800/P），就得知物價價格水準（P）為 53.33、產出（Y）為 760。

4. 最終答案長期均衡價格水準為 53.33。

雖然解題的過程中並沒有套公式，但是靠著圖形中供給線及需求線的變動、透過交叉點求出均衡物價的方式，還是一一求出答案了！

而圖 6-10 是我在一○四年高考經濟學的申論題答案，從上面可以看出，正式回答完全沒有用到圖形。圖形只是我私底下用來推算出答案的方式而已。

題目既然是問均衡的物價、產出以及失業率水準，那麼寫到答案紙上的時候，就只要寫出這三個答案即可，答案正確就可以得分。但如果題目上標明「以圖型的分析……」，即指明使用圖型來回答，考生務必在答案紙上將圖做出來給閱卷委員看。

我花在這道申論題上的時間只有十分鐘，其他時間拿來寫選擇題及另外一題申論題，即使如此，本題也拿到 24 分（總分為 25分），是不是相當有效率呢？

圖6-10：經濟學申論題答題範例

分數	題號	答案請從本頁第一行開始書寫，並請標明題號，依序作答。

二、

（一）$Y = 600 + 10(M/P)$

$\Rightarrow 750 = 600 + 10(600/P)$

$\Rightarrow P = 40$ Answer

A：均衡 $P = 40$，$Y = 750$，$u = 0.05$

> 在國考中，不用列太多的計算式，答案正確與否才是關鍵！

（二）1. $\xi + P - P^e = 600 + 10(M/P)$

$\Rightarrow 750 + P - 40 = 600 + 10(800/P)$

$\Rightarrow P = 50$

2. $Y = 600 + 10(800/50) = 760$

3. $(760-750)/750 = -2(u - 0.05)$

$u = 0.0433$ Answer

A：均衡 $P = 50$，$Y = 760$，$u = 0.0433$

（三）$750 = 600 + 10(800/P)$

A：$P = 53.33$ Answer

第1頁

搶救選擇題！

很多考生在遇到不會寫的題目時，總是一翻兩瞪眼地放棄或亂猜，但是在國考的時候，選擇放棄或亂答就等同失分。而且選擇題看似平均每一題佔分都很低，但因為回答正確，至少兩分紮紮實實入袋，比長篇大論作答還有可能失分的申論題更有得分的可能性，所以即使不會寫，也不應該輕易放棄。

對於選擇題的作答，我們要建一個概念：這不是一個讓考生憑空去思考答案的問題，它的答案已經出來了，就在底下的選項中。因此在面對不會作答的題目時，不必過於焦慮，可以嘗試幾種方式，去推斷正確的答案在哪裡！

 從雷同選項中找出答案

有一類型考題，答案選項非常相近，除了部分字詞不同之外，意義是相同的。這種考題主要是考核考生有沒有把細節之處讀清楚，但對於那種準備大範圍考試的考生，在只大略讀過所有內容，但記憶不深、沒有搞懂細節、記憶模稜兩可的狀況下，極容易在作答上造成困擾。

對於這種選擇題，考生們應該怎麼辦呢？

有一種篩檢方法，是從雷同的選項中找到正確解答。

以下我們舉一○四年民法普考第五題為例：

範例

> 丙為購買建地一筆，授權甲與乙為其代理人，關於其代
> 理權之行使，下列敘述，何者正確？
>
> A：甲、乙為代理行為時，僅能共同為之
>
> B：丙得授權甲或乙單獨行使代理權
>
> C：丙不得授權甲或乙單獨行使代理權
>
> D：共同代理得適用於共同侵權行為
>
> （一○四年普考）

審視上述題目，在丙乃授權人的情況下，我們會發現選項 A
與選項 C 中，A 所表達的意思是甲乙兩人必須共同行使代理權，
而 C 卻說「丙不得授權甲或乙單獨行使」，意思就是「甲與乙必
須同時行使代理權」，這也代表著 A 與 C 的答案意思是相同的。

選擇題的答案只有一個，因此我們可以我們推論「A 與 C 都
不是正確答案」。

這也就是說，答案在選項 B 或 D 之中。

從矛盾選項中找出答案

什麼是矛盾答案呢？讓我們以同樣的例子來解說。

範例

> 丙為購買建地一筆，授權甲與乙為其代理人，關於其代理權之行使，下列敘述，何者正確？
>
> Ａ：甲、乙為代理行為時，僅能共同為之
>
> Ｂ：丙得授權甲或乙單獨行使代理權
>
> Ｃ：丙不得授權甲或乙單獨行使代理權
>
> Ｄ：共同代理得適用於共同侵權行為
>
> （一〇四年普考）

先前我們透過找到雷同選項，確定選項 A 與 D 必不是本題的答案，那麼答案就落在 B 和 D 兩種選項中。仔細檢視看選項 B 與 C 的內容，這是兩個互相矛盾的答案，可以肯定如果選項 B 成立的話，選項 C 就一定不成立，選項 C 成立的話，選項 B 就一定不成立，通常在這個時候答案不是 B 就是 C，而從上一個方法單元中我們可以得知，A 及 C 必定不成立，所以可以推知答案是 B。

「找出雷同答案」與「找出矛盾答案」的破解法，兩者相輔相成的使用，就能夠有效推斷出正確選項。

用刪去法找出答案

　　某一天，我的同學突然拿普考的題目請我解題，因為課本中並沒有著墨於這方面內容，我們無法從課本中找出答案。但在國家考試時，極有可能會遭遇到這種完全沒準備到的題目。如果就這麼放棄，白白失去分數，在這種狀況下，與其猜答案，不如從考題的答案中去判斷何者為是。

　　刪去法是考試時最常使用的技巧，通常在審題的時候，一旦看出選項的答案與題目所問相反，就可以直接刪去，從剩下的答案中找到問題所問的內容，以增加正確率。

範例

　　公營事業以盈餘繳庫方式取代一部分稅捐之繳納，容易產生的問題是：

　　（A）無法減少稽徵手續及成本

　　（B）確實反映盈餘

　　（C）盈餘與稅捐區分明顯

　　（D）盈餘虛增的錯覺。

　　本題要考生挑選的答案是「容易產生的問題」，也就是說，採用這種方法會產生缺點。

　　以題幹的標準審視四個答案，即使對於內容一無所知，但也

會立刻發現答案 B 與 C 並不是缺點，而是優點。既然與本題題目所問相反，就先把 B 跟 C 消掉。

再接著來看 A 與 D 這兩個選項，它們的確是缺點，符合本題所問的問題要求。但再仔細看一次題目，題幹問「以盈餘繳庫方式取代一部分稅捐之繳納，容易產生的問題」是何者，自然答案應該要與盈餘有相關性，因此答案為 D。

✅ 從答案連慣性破解題組型選擇題

這裡要介紹另外一種選擇題的解法，通常在系列題組中出現，選項超過兩個以上，且都是相同的答案。因為經常出現在題組中，考生總會擔心只要有一題答案計算錯誤，連帶著其他選項也一併出錯。

範例

設一國經濟由以下活動組成：

碾米廠損益表		農夫損益表	
白米銷售	$100	產出稻殼	$20
購買稻殼	$20	進口農藥	$10
機器折舊	$5	去年存作為種子	$5
本國薪資	$40	盈餘	$5
外勞薪資	$3		
營業稅	$5		
盈餘	$27		

提示：
GDP - 國外要素所得淨額 = GNP
GNP - 折舊 = NNP
NNP - 間接稅淨額 = NI

1. 請問 GDP？
   (A) 82　　(B) 85　　(C) 77　　(D) 72
2. 請問 GNP？
   (A) 82　　(B) 85　　(C) 77　　(D) 72
3. 請問 NNP？
   (A) 82　　(B) 85　　(C) 77　　(D) 72
4. 請問 NI？
   (A) 82　　(B) 85　　(C) 77　　(D) 72

　　由上題可以看到，本題組的每一個選項都是相同的。這也表示答案之間，可能互相有著關連性。

　　乍看之下這是一套計算題組，然而顯然解題的關鍵是在觀念的建立。從題目中給予的判別訊息，以數值上來判斷，GDP 最大，而減掉所有要素的 NI 數值是最小的，由此邏輯推測，第一題 GDP 的選擇，要找的是最大的數值，即選項 B。

　　當所有題目的選項都相同的時候，重複同一個答案的可能性很低，因此通常下一題的答案就不會是 B，因此接下來所有題目的 B 都可以刪除，縮小作答的範圍。

　　按照第二題 GNP 的數值計算推斷，GNP 是第二大的數值，因此選 A，再依此類推，第三題 NNP 答案為 C，第四題 NI 數值最小，故選擇數值最小的 D。

後　記

　　兩年的國考準備生涯，和長期以來我所聽聞的許多考生困擾，促使我寫了這本書，希望我個人的經歷、經驗，能夠幫助考生們在國考之路上順利前進。

　　最後，透過後記的篇幅，想再談談我觀察到許多常見的考生心態問題，並提出我個人在備考時的一些做法與想法，給大家做為參考。

考生最大的危機，是心懷僥倖

　　雖然每個考生都知道，參加國家考試要抱持著「必勝」、「下苦功」、「破釜沉舟」的心態。但是在真正準備考試的階段，整天面對繁雜且沉重的課業，不免產生逃避或僥倖的心態，覺得「只要有讀過就可以了」。很少人敢自問，雖然每天都有讀書，但你是對研讀的科目真的有透徹理解嗎？

　　當你懷抱著「有讀就夠了」的心態，而別的考生則定下「沒有融會貫通就不停筆」的標準時，態度上的不同，就會得到完全不同的結果。

綜合我這幾年常見到的考生問題心態，總歸來說，都與心存僥倖有關。

不想解題，就賭這題不會考

我曾在考試結束後的教室，聽到考生抱怨地說：「我寫過這題目，但沒有做完，所以不知道要怎麼寫後面的部分。」

這樣的抱怨太常聽見了，有如考生的魔咒一般。你是否也曾說過類似的言語？

但說也奇怪，通常準備時你所放棄的題目，總會是考試的試題之一。

確實商科的題目，光在解題上就要花掉許多時間，有時為了要解開一題，花上一、兩個小時，如果遇到不會解的題目就更得耗時費力。而且經常好不容易解完題後，卻發現答案錯誤，一切又得重來……許多人在這個繁瑣的過程中，因為不耐煩而放棄，抱著「這題應該不會考吧」的心態迴避問題。

但請記住，考生是任何題目都不可以放過的。

不擅長這科沒關係，靠其他科目來拉分

通常會萌生想要靠其他科拉分心態的考生，手邊多少都有幾個較佔優勢的科目。但他們經常忽略一個問題—— 你有優勢科

目，不代表別的考生沒有優勢科目。

在財稅行政類組中，考生們大多對於會計學心存僥倖，企圖放棄會計學，拉高其他科目的分數用以平衡。但這是一個惡性循環的開始，當你決定捨棄會計學時，無形之中造成其他科目平均成績提高，而會計學平均成績更低的局面。

然而放棄會計學的結果卻經常是無法從平均低分的會計學中得到分數，而即使專心在其他科目上，想要得到過人的高分，但卻因為平均分數提高的緣故，無法拿到能夠平衡會計學損失的分數，結果自然無法上榜。

除非你真的可以在其他科目上拿到極高分的佳績，彌補放棄一科的損失，否則不應該抱著僥倖的心態做取捨。更何況每次考試的出題難易度都不一樣，誰也不能斷定本次考試中，自己的優勢科目整體難易度是高還是低。如果這一次的出題普遍容易，即使你對某一科頗具優勢，但在大家都考得不錯的情況下，你的優勢就不明顯了，不足以拉開與其他考生之間的差距。

因此就算是劣勢科目，也要盡量拿到與平均成績差不多的分數才行。

「穩住每科分數」才是國考作戰的祕訣。

經常對自己說「休息一下沒關係」、「沒讀完明天再看」

你是不是經常聽見考生自我安慰地說「好累，今天就休息一

下吧」，或是「算了，沒讀完的內容明天（下一次）再看，反正時間還長」？但只要休息「這一次」，就會有「下一次」，之後就會經常拖延，永遠都有「明天」或「下一次」可以偷懶。

拖延與偷懶是同樣的問題，所造成的結果都是延宕到讀書計畫，導致無法完成預定進度。在我們的讀書計畫中，雖然規畫了「未完成」的部分，然而偷懶與拖延是不會只發生一次就結束的。只要有過一次拖延，就會有再一次和再再一次……積少成多，寶貴的時間和預定的計畫就被輕易荒廢掉了。

但如果你抱定「今日事，今日畢」的心態去執行計畫，因為時間有限而進度緊湊，趕進度都來不及了，自然就不會出現「偷懶沒關係」的心態了。

 # 如何長期維持努力進取的鬥志？

在準備國考的過程中，我常聽老師或考友們互相勉勵，要「保持對讀書的熱情」、「把書本當作是好朋友」，意思是要維持高昂的戰鬥心態來念書。

但是不管多高昂的熱情，總會有燃燒殆盡的一天，一旦時間長了，人的意志力就會下降。因此對我來說，與其保持鬥志，不如把讀書養成日常生活的習慣。因為一旦成為習慣之後，就不需要消耗熱情來維持。

但要靠什麼方法讓讀書成為日常生活呢？就是前面我們說的——一週讀書計畫表。

設定獎勵機制，讓照表讀書成為生活習慣

一週讀書計畫表不僅可以用來設定我們的讀書進度，還可以用來規畫我們的生活作息，可說一舉數得。但是日常生活是長時間的養成，只進行一天的話根本不算是日常生活。

我自身的經驗，在執行計畫的前三個月難免會有不適應的狀況，但是日子長了，自然就會習慣。一旦成為習慣，身體就會自然地去執行按表操課的生活。

但單純逼迫自己讀書，內心難免厭倦，因此適時給予自己獎勵是很重要的事。建議在設定每週讀書計畫表的同時，同時安排一項獎勵的回饋，作為努力的回報，例如喝杯飲料、一點小小的享受。但不建議逛街或出去玩，避免影響讀書進度。

如果你把計畫表執行到中後期，因為付出努力養成讀書的習慣，自然能夠在成績上獲得回報。當你發現考友都來找你問問題，或者是考試時的成績進步時，心中自然會湧出成就感。成就感會成為正向的力量，推動著你前進，整個讀書機制形成正向循環，人就更有動力前進了。

留心「逃避讀書」的徵兆

準備國考時間很漫長，生活緊張、壓力很大，許多人可能雖然知道要努力讀書，但心中漸漸產生鬱悶、逃避的心態，這種心態最後會影響到生理狀況，而最常見的表徵就是──生病。

人只要生病，就有理由休息。但意志不堅的人一旦嚐到甜頭，「生病」的狀況就會一而再、再而三的發生，時間一長就什麼競爭力都沒有了。

很多常掛病號的考生，經常沒有意識到自己的生病到底是身體健康不佳的問題，還是心理層面想逃避壓力的問題。如果你常「生病」，或許得檢視自己的狀況，確認每次生病都是真的嗎？

但也不是所有人生病都是為了逃避讀書。我曾碰過一個考生，他告訴我自己讀書讀到頭痛，身體非常不舒服。我當下建議他返家休息，但是他覺得自己並不聰明，如果不跟隨課程把書讀完，就會拖延到後面的進度。可是拚命硬撐的結果，卻拖垮了身體，大病一場，後來足足了休養一個月，整個月的進度都拖延到了，真的是得不償失。而且等他休養完，重新回到緊湊的備考生活，為了補上進度，可能又會出現硬撐的狀況……

此後我經常以此為例，提醒考生，過猶不及都是不可取的。

考前三個月的強化鬥志法！

對許多考生來說，前面數個月、大半年的努力，一咬牙就過去了，但經常氣力不繼，到了考前開始出現厭倦荒廢的狀況。

但最後三個月卻是最關鍵的時刻，此時讀書的毅力左右了是否上榜的命運。除了對自己精神喊話之外，我分享幾個自己在準備國考的生涯中所使用的強化鬥志法。

將目標貼在隨處可見的地方

設定能夠激勵你的目標標語，寫在紙上，貼在書桌或者鉛筆盒上，讓自己隨時隨地都可以看見，提醒自己莫忘初衷、鼓舞士氣。

讀上榜者的心得分享

因為考前壓力太大，不免意志力衰弱，這個時候我就讀上榜者的心得分享文章，一面閱讀他們的經驗，另一方面也能感覺他們歡欣鼓舞的心情，在心生羨慕的同時，不禁產生「我也要上榜」的渴望和熱情，提升鬥志。

尋找成績相當的考生作為競爭對手

　　一個人讀書不免感到空虛，有的時候也需要競爭對手，不僅在讀書的路上有伴，彼此之間也會萌生出不服輸的心態。

　　良性的競爭有助於強化讀書的意志力，只要有進步就會產生成就感，因為真正的對手其實是自己，無論分數誰高誰低，其實通通都是贏家。

製作衝刺期的讀書計畫表

　　眼看考期將至，通常考生在最後三個月會感受到迫在眉睫的壓力，此時可製作衝刺期的讀書計畫表，並努力完成它。

　　一旦感覺信心衰退，可以拿出已經完成的讀書計畫表，感受自己付出多少努力、達成多少進度，提升堅持到底的鬥志。

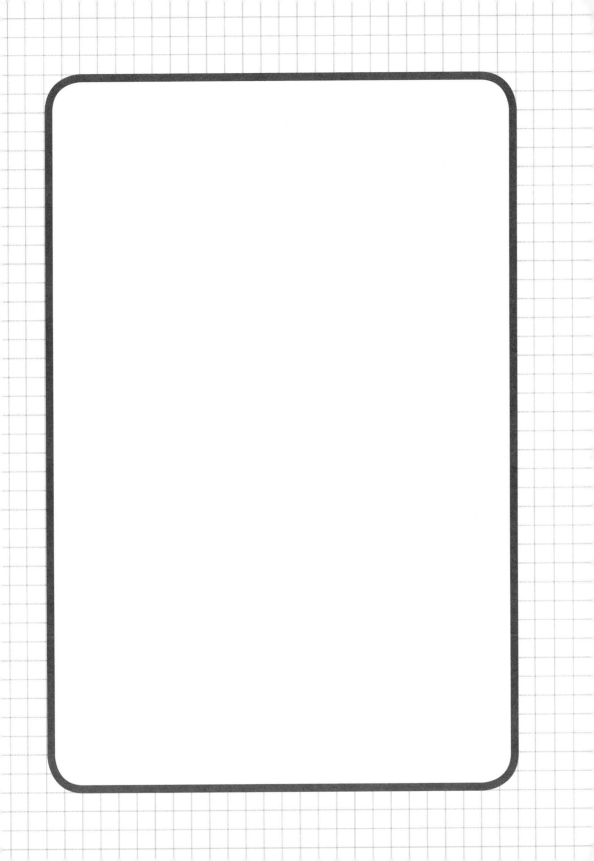

國家圖書館出版品預行編目資料

國考就要考這一類組:財稅行政必勝祕訣/涂敏玉 著. -- 初版.
  -- 臺北市:商周出版:家庭傳媒城邦分公司發行, 民105.06
  面: 公分. -- (超高效學習術;27)
  ISBN 978-986-477-028-1 (平裝)
  1. 國家考試 2.考試指南
  573.44   105007786

國考就要考這一類組：財稅行政必勝祕訣

作　　　者／涂敏玉
企畫選書人／陳名珉
責 任 編 輯／陳名珉

版　　　權／翁靜如
行 銷 業 務／李衍逸、黃崇華
總　編　輯／楊如玉
總　經　理／彭之琬
發　行　人／何飛鵬
法 律 顧 問／台英國際商務法律事務所　羅明通律師
出　　　版／商周出版
　　　　　　城邦文化事業股份有限公司
　　　　　　台北市民生東路二段 141 號 9 樓
　　　　　　電話：(02) 25007008　傳真：(02) 25007759
　　　　　　Blog：http://bwp25007008.pixnet.net/blog
　　　　　　E-mail：bwp.service@cite.com.tw
發　　　行／英屬蓋曼群島商家庭傳媒股份有限公司城邦分公司
　　　　　　台北市民生東路二段 141 號 2 樓
　　　　　　書虫客服服務專線：(02) 25007718、(02) 25007719
　　　　　　服務時間：週一至週五上午09:30-12:00；下午13:30-17:00
　　　　　　24 小時傳真專線：(02) 25001990、(02) 25001991
　　　　　　劃撥帳號：19863813；戶名：書虫股份有限公司
　　　　　　讀者服務信箱：service@readingclub.com.tw
　　　　　　城邦讀書花園：www.cite.com.tw
香港發行所／城邦（香港）出版集團有限公司
　　　　　　香港灣仔駱克道 193 號東超商業中心 1 樓
　　　　　　E-mail：hkcite@biznetvigator.com
　　　　　　電話：(852) 25086231　傳真：(852) 25789337
馬新發行所／城邦（馬新）出版集團【Cité (M) Sdn. Bhd.】
　　　　　　41, Jalan Radin Anum, Bandar Baru Sri Petaling,
　　　　　　57000 Kuala Lumpur, Malaysia.
　　　　　　電話：(603) 90578822　傳真：(603) 90576622
　　　　　　E-mail：cite@cite.com.my

封 面 設 計／徐璽
版 型 設 計／鍾瑩芳
排　　　版／新鑫電腦排版工作室
印　　　刷／韋懋實業有限公司
經　銷　商／聯合發行股份有限公司
　　　　　　電話：(02) 29178022　傳真：(02) 29110053
　　　　　　地址：新北市新店區寶橋路235巷6弄6號2樓

■ 2016年（民105）6月7日初版　　　　　　　Printed in Taiwan

定價320元　　　　　　　　　　　　　　　　城邦讀書花園
　　　　　　　　　　　　　　　　　　　　　www.cite.com.tw

廣　告　回　函
北區郵政管理登記證
台北廣字第000791號
郵資已付，免貼郵票

104台北市民生東路二段141號2樓

英屬蓋曼群島商家庭傳媒股份有限公司　城邦分公司

請沿虛線對摺，謝謝！

書號：BO6027　　**書名：**國考就要考這一類組：財稅行政必勝祕訣　**編碼：**

 商周出版

讀者回函卡

感謝您購買我們出版的書籍！請費心填寫此回函卡，我們將不定期寄上城邦集團最新的出版訊息。

不定期好禮相贈！
立即加入：商周出版
Facebook 粉絲團

姓名：＿＿＿＿＿＿＿＿＿＿＿＿＿＿＿＿ 性別：□男 □女

生日：西元＿＿＿＿＿＿＿年＿＿＿＿＿月＿＿＿＿＿日

地址：＿＿＿＿＿＿＿＿＿＿＿＿＿＿＿＿＿＿＿＿＿＿＿

聯絡電話：＿＿＿＿＿＿＿＿＿ 傳真：＿＿＿＿＿＿＿＿＿

E-mail：

學歷：□ 1. 小學 □ 2. 國中 □ 3. 高中 □ 4. 大學 □ 5. 研究所以上

職業：□ 1. 學生 □ 2. 軍公教 □ 3. 服務 □ 4. 金融 □ 5. 製造 □ 6. 資訊

　　　□ 7. 傳播 □ 8. 自由業 □ 9. 農漁牧 □ 10. 家管 □ 11. 退休

　　　□ 12. 其他＿＿＿＿＿＿＿＿＿＿＿＿＿＿＿＿

您從何種方式得知本書消息？

　　　□ 1. 書店 □ 2. 網路 □ 3. 報紙 □ 4. 雜誌 □ 5. 廣播 □ 6. 電視

　　　□ 7. 親友推薦 □ 8. 其他＿＿＿＿＿＿＿＿＿＿＿

您通常以何種方式購書？

　　　□ 1. 書店 □ 2. 網路 □ 3. 傳真訂購 □ 4. 郵局劃撥 □ 5. 其他＿＿＿

您喜歡閱讀那些類別的書籍？

　　　□ 1. 財經商業 □ 2. 自然科學 □ 3. 歷史 □ 4. 法律 □ 5. 文學

　　　□ 6. 休閒旅遊 □ 7. 小說 □ 8. 人物傳記 □ 9. 生活、勵志 □ 10. 其他

對我們的建議：＿＿＿＿＿＿＿＿＿＿＿＿＿＿＿＿＿＿＿＿

＿＿＿＿＿＿＿＿＿＿＿＿＿＿＿＿＿＿＿＿＿＿＿＿＿＿＿

＿＿＿＿＿＿＿＿＿＿＿＿＿＿＿＿＿＿＿＿＿＿＿＿＿＿＿